Le petit livre de

Brochettes et barbecue

ISBN 2-75400-075-5
Dépôt légal : 3e trimestre 2005
Imprimé en Italie
Conception couverture : Bleu T

Mise en page : Georges Brevière

Éditions Générales First
27, rue Cassette, 75006 Paris
Tél : 01 45 49 60 00
Fax : 01 45 49 60 01
e-mail : firstinfo@efirst.com

Héloïse Martel

Le petit livre de

Brochettes et barbecue

FIRST
Editions

Introduction

Aux premiers rayons du soleil printanier, nous n'avons qu'une idée : déjeuner dehors. Et un peu plus tard, dès que les soirées se font longues, nous rêvons de dîner sur la terrasse ou dans le jardin.

Le compagnon indispensable de notre gastronomie estivale, c'est le barbecue. Il évoque les loisirs, les vacances, la détente et les repas entre amis.

Construits en dur dans le jardin ou portables, les barbecues sont aujourd'hui à la fois plus sûrs et plus esthétiques que par le passé. La sécurité est en effet la préoccupation principale de tous les constructeurs de barbecues, mais elle ne vous dispense pas de prendre des mesures pour éviter tout accident au cours de l'installation et de la manipulation de ce dernier.

Les mesures de sécurité indispensables

Pour l'installation :

- Placez votre barbecue à l'écart de tout matériau inflammable et à l'abri du vent.

- Posez-le sur une surface plane pour qu'il soit bien stable.
- Éloignez les enfants d'un large périmètre autour du barbecue.

Pour l'allumage :

- Utilisez des allume-feu solides prévus pour barbecue, jamais d'essence ou de produits liquides.
- Prenez des combustibles adaptés : charbon de bois, sarments de vigne (l'idéal) et petit bois. N'alimentez pas votre barbecue avec du bois de pin ou de sapin qui libèrent des substances toxiques et qui font des étincelles susceptibles de propager le feu alentour.
- Ne laissez pas le barbecue allumé sans surveillance.

Pour la cuisson :

- Choisissez des instruments adaptés à l'usage du barbecue : des gants isolants couvrant bien le poignet et l'avant bras, une cuillère, une fourchette, une pince à long manche pour manipuler les aliments sans risquer de vous brûler, un pinceau à long manche pour badigeonner les aliments de marinade.

- Portez un long tablier, surtout si vous avez les jambes nues, et attachez vos cheveux s'ils sont longs.

Pour votre santé :

- Évitez que les flammes soient en contact direct avec les aliments pour qu'ils ne brûlent pas. En effet, les graisses brûlées ont une structure chimique qui les rend néfastes pour la santé.
- Allumez le barbecue à l'avance, de 2 heures à 30 minutes avant la cuisson selon la taille et le nombre de pièces à griller.
- Attendez que le lit de braises rougeoie pour poser la grille, et maintenez-la assez haut pour que les aliments ne soient pas en contact direct avec les flammes.

En cas de problème :

- Si des graisses s'enflamment pendant la cuisson, jetez du gros sel sur les flammes pour les éteindre.
- Ayez à portée de main de quoi éteindre un éventuel début d'incendie : un extincteur, du sable, des chiffons, un seau d'eau…

Et après la cuisson :

- Nettoyez soigneusement les ustensiles et la grille après emploi, pour éviter de les faire fumer à la prochaine utilisation.

Enfin, renseignez-vous sur la réglementation en vigueur dans votre ville ou votre village, et n'oubliez pas que les barbecues sont le plus souvent interdits dans les immeubles en copropriété, sur les balcons et les terrasses.

Pour une cuisson idéale

Respectez ces quelques principes :

- Composez vos brochettes avec des aliments qui nécessitent le même temps de cuisson, ou faites précuire ceux qui ont besoin d'une cuisson plus longue.
- Faites mariner viandes et poissons avant de les faire cuire, mais évitez les marinades prolongées si vous utilisez du citron ou du vinaigre, l'un comme l'autre « cuisant » les aliments.
- Badigeonnez les aliments de marinade régulièrement en cours de cuisson pour qu'ils ne se dessèchent pas.

- Souvenez-vous que sur une brochette, ce sont les morceaux au centre qui cuisent plus vite.

Les marinades

Préparez-les dans des terrines en faïence ou en verre et utilisez de préférence une cuillère en bois pour mélanger les ingrédients. Une fois les aliments placés dans la marinade, recouvrez la terrine de film plastique pour qu'elle conserve les arômes et placez-la au frais pendant la durée de la marinade.

Égouttez les aliments avant de les faire griller. Le plus souvent, vous pouvez servir la marinade en saucière pour accompagner la grillade.

Les brochettes

Utilisez des brochettes en bois que vous aurez pris soin de faire tremper dans de l'eau froide au préalable pour qu'elles ne brûlent pas. Vous pouvez aussi prendre des brochettes en aluminium, certaines étant ornées de motifs décoratifs. Huilez les brochettes avant d'enfiler les morceaux de viande ou de poisson afin que les aliments n'attachent pas.

Les papillotes

Choisissez l'emballage de vos papillotes en fonction de l'aliment que vous enveloppez : prenez du papier d'aluminium ménager épais pour les volailles ou les viandes avec os pour qu'il ne soit pas percé lors des manipulations, du papier d'aluminium antiadhésif pour les poissons et les desserts. Préférez les viandes blanches, les volailles et les poissons aux viandes rouges qui ont besoin d'être saisies pour être savoureuses.

Fermez toujours bien hermétiquement les papillotes afin que les arômes ne s'échappent pas.

Servez les papillotes fermées, chaque convive ouvrira la sienne pour profiter des arômes qui s'en dégagent.

Les sauces

La viande grillée au barbecue est particulièrement succulente « nature », car elle garde tous ses arômes originels. Ainsi une tranche de gigot ou de rumsteck, un filet de porc ou de poulet peuvent se suffire à eux-mêmes. Mais les amateurs de barbecue recommandent de les accompagner de sauces diverses, comme la sauce salsa ou la sauce barbecue.

Si vous voulez donner une note raffinée à votre barbecue, proposez plusieurs beurres parfumés : beurre de moutarde, beurre de roquefort... Attention : ces beurres travaillés ne se conservent pas plus de 24 heures au réfrigérateur, mais vous pouvez les congeler : enveloppez le beurre dans un papier d'aluminium en lui donnant la forme d'un boudin. Vous en prélèverez des rondelles au gré de vos besoins.

Nous vous proposons ici plus de 130 recettes : quelques mini brochettes inventives pour l'apéritif, mais aussi des poissons, des viandes, des volailles, des légumes, des desserts et des sauces d'accompagnement.

N'oubliez pas que lorsque l'été nous aura quittés, vous pourrez réaliser les recettes de ce Petit Livre sur le gril à la maison.

Bon appétit !

BOULETTES D'AGNEAU

4 pers. **Prép. : 10 min Marinade : 30 min Cuisson : 10 min**

• 300 g d'agneau dans le gigot • 1 oignon • 30 g de chapelure
Marinade • 1 gousse d'ail • 1 pincée de piment de Cayenne • 3 pincées de curry • 2 pincées de cumin • 3 pincées de gingembre moulu • 3 pincées de coriandre • 1 pincée de curcuma • 2 cuil. à soupe de yaourt nature

Réalisation

Épluchez la gousse d'ail, écrasez-la au-dessus d'une terrine avec un presse-ail. Versez le yaourt et les épices dans la terrine et mélangez.
Pelez l'oignon, hachez-le avec la viande. Mélangez ce hachis à la marinade et laissez reposer au frais pendant 30 minutes. Façonnez de petites boulettes, aplatissez-les, roulez-les dans la chapelure et embrochez-les sur des piques en bois. Faites-les griller pendant 5 minutes en les retournant régulièrement. Servez tiède à l'apéritif.

BROCHETTES AU FROMAGE

4 pers. **Préparation : 10 min Cuisson : 10 min**

• 500 g de comté • 250 g de lard de poitrine fumé coupé en fines tranches • 2 cuil. à soupe de paprika en poudre

Réalisation

Coupez le fromage en cubes de 2 cm de côté environ et saupoudrez ces cubes de paprika. Entourez-les ensuite d'une tranche de lard.
Enfilez les cubes sur quatre brochettes et faites cuire au barbecue pendant environ 5 minutes, le temps que le lard soit doré et croustillant.

Notre conseil : servez ces brochettes chaudes ou tièdes en apéritif ou en entrée.

BROCHETTES DE FRUITS AU LARD FUMÉ

4 pers. **Préparation : 10 min Cuisson : 5 min**

• 8 pruneaux dénoyautés • 2 bananes • 16 tranches fines de poitrine fumée

Réalisation

Coupez chaque tranche de poitrine en trois parts

égales. Pelez les bananes, coupez-les en rondelles épaisses. Entourez chaque rondelle et chaque pruneau d'un tiers de tranche de poitrine et répartissez-les sur des petites brochettes en intercalant pruneau et banane. Faites griller 5 minutes pour que le lard soit doré et croustillant. Servez chaud ou tiède à l'apéritif.

BROCHETTES DE MOULES

4 pers. **Préparation : 10 min Cuisson : 15 min**

• 16 moules d'Espagne • 8 tranches fines de poitrine fumée

Réalisation

Faites ouvrir les moules à feu vif. Décoquillez-les. Entourez chaque moule d'une demi-tranche de poitrine. Enfilez 4 moules sur des petites brochettes. Faites-les griller pendant 5 minutes de chaque côté.

BROCHETTES DE SAUCISSES GRILLÉES

4 pers. Préparation : 5 min Cuisson : 5 min

• 8 saucisses cocktail • 8 boudins blancs cocktail • 8 boudins noirs cocktail • 8 tomates cerise

Réalisation

Enfilez sur quatre petites brochettes 2 saucisses de chaque sorte et 2 tomates cerise. Faites griller 5 à 8 minutes en les retournant souvent. Servez en apéritif avec de la moutarde.

•

BONITE MARINÉE GRILLÉE

4 pers. **Préparation : 10 min Marinade : 30 min Cuisson : 15 min**

• 4 médaillons de bonite de 150 g chacun
Marinade • 8 cl de vin blanc • 6 cuil. à soupe d'huile d'olive • 3 citrons verts • 1 échalote • 1 clou de girofle • 2 branches de menthe • sel, poivre

Réalisation

Pressez les citrons verts, versez le jus dans une terrine, ajoutez le vin blanc, l'huile d'olive, le clou de girofle, les feuilles de menthe hachées, du sel et du poivre. Épluchez et hachez l'échalote, ajoutez-la à la marinade.
Placez les médaillons de poisson dans la marinade, recouvrez la terrine d'un film plastique, placez-la au frais et laissez en attente 30 minutes.
Égouttez les médaillons de poisson et faites-les griller pendant 15 minutes en les retournant à mi-cuisson.

Notre conseil : accompagnez ce poisson d'une salade aux herbes (recette page 117).

BROCHETTES DE CONGRE À L'ESPAGNOLE

4 pers. **Préparation : 20 min Marinade : 2 h Cuisson : 15 min**

• 800 g de congre • 4 merguez • 1 petit poivron rouge
Marinade • 3 cuil. à soupe d'huile d'olive • 1/2 citron • 1 gousse d'ail • 1 dosette de safran en poudre • 1 pointe de couteau de piment en poudre • 2 feuilles de laurier • sel, poivre

Réalisation

Pressez le demi-citron, versez le jus dans une terrine, pelez l'ail et écrasez-le au-dessus de la terrine. Ajoutez l'huile d'olive, les épices, le laurier, un peu de sel et de poivre.

Coupez le congre en cubes. Déposez-les dans la marinade, retournez-les pour qu'ils soient enrobés, puis recouvrez la terrine d'un film plastique. Laissez en attente pendant 2 heures au frais. Lavez et épépinez le poivron et coupez-le en morceaux. Découpez les merguez en quatre tronçons. Égouttez les cubes de poisson. Garnissez les brochettes en alternant des morceaux de congre, des tronçons de merguez et des morceaux de poivron. Faites cuire au barbecue pendant 15 à 20 minutes en retournant les brochettes à mi-cuisson.

BROCHETTES DE CREVETTES À L'ORANGE ET AU CÉLERI

4 pers. **Préparation : 10 min Marinade : 2 h Cuisson : 10 min**

• 16 à 24 grosses crevettes
Marinade • 1 orange non traitée • 2 branches de céleri • 4 cuil. à soupe d'huile d'olive • sel, poivre

Réalisation

Prélevez le zeste de l'orange avec un couteau économe, râpez-le et pressez le fruit. Versez le jus et les zestes dans une terrine. Hachez finement les feuilles et les branches de céleri, ajoutez-les, salez, poivrez, mélangez.
Mettez les crevettes dans la marinade, retournez-les pour qu'elles soient bien enrobées, recouvrez la terrine de film plastique et mettez au frais pendant 2 heures. Égouttez les crevettes, répartissez-les sur quatre brochettes huilées et faites griller pendant 10 minutes en les retournant souvent. Servez la marinade en saucière.

BROCHETTES DE CREVETTES EXOTIQUES

4 pers. **Préparation : 10 min Marinade : 2 h Cuisson : 10 min**

• 16 à 24 grosses crevettes
Marinade • 1 brique de lait de coco • 2 cm de gingembre frais • 1 bouquet de coriandre • sel, poivre

Réalisation

Versez le lait de coco dans une terrine. Pelez le gingembre et râpez-le, ciselez finement la coriandre, mettez-les dans le récipient, salez, poivrez, mélangez. Placez les crevettes dans cette marinade, retournez-les plusieurs fois pour qu'elles soient bien enrobées, couvrez la terrine avec un film plastique puis laissez en attente au frais pendant 2 heures.

Égouttez les crevettes, enfilez-les sur quatre brochettes huilées et faites griller pendant 10 minutes environ en les retournant souvent.

Servez la marinade en saucière.

BROCHETTES DE GAMBAS AU PASTIS

4 pers. **Prép. : 20 min Marinade : 30 min Cuisson : 10 min**

• 24 gambas • 5 cuil. à soupe de chapelure
Marinade • 2 gousses d'ail • 2 cuil. à soupe d'huile d'olive • 2 cuil. à soupe de pastis • sel, poivre

Réalisation

Épluchez l'ail et écrasez-le à l'aide d'un presse-ail au-dessus d'une terrine. Versez l'huile d'olive et le pastis, salez, poivrez. Décortiquez les gambas crues en laissant la queue, mettez-les dans la terrine et retournez-les plusieurs fois pour qu'elles soient bien enrobées. Recouvrez et laissez en attente 30 minutes au moins.

Versez la chapelure dans une assiette creuse. Égouttez les gambas et roulez-les dans la chapelure. Enfilez ensuite 6 gambas par brochette huilée. Faites griller au barbecue pendant 10 minutes environ en retournant les brochettes fréquemment.

BROCHETTES DE LANGOUSTINES ET DE MOULES PANÉES

4 pers. **Préparation : 10 min Cuisson : 10 min**

• 12 langoustines • 24 moules • 1 œuf • 6 cuil. à soupe de chapelure • 4 branches de persil plat • sel, poivre

Réalisation

Décortiquez les langoustines crues. Faites ouvrir les moules dans un récipient d'eau bouillante salée. Dès qu'elles sont ouvertes, décoquillez-les et laissez-les refroidir. Battez l'œuf en omelette dans une assiette creuse avec du sel et du poivre. Effeuillez le persil, hachez-le, mélangez-le à la chapelure dans une autre assiette creuse. Panez les langoustines et les moules en les plongeant successivement dans l'œuf battu puis dans la chapelure. Répartissez langoustines et moules sur quatre brochettes huilées. Faites griller ces brochettes pendant 8 à 10 minutes en les retournant souvent.

BROCHETTES DE LIEU NOIR

4 pers. **Préparation : 15 min Cuisson : 15 min**

• 4 filets de lieu noir • 8 tomates cerise • 1 poivron vert • 3 cuil. à soupe d'huile • 2 cuil. à café d'herbes de Provence • sel, poivre

Réalisation

Ouvrez le poivron, épépinez-le et découpez-le en dés. Coupez les filets de poisson en cubes. Enfilez-les sur des brochettes huilées en alternant avec des morceaux de poivron et les tomates. Versez l'huile dans une assiette creuse, ajoutez les herbes de Provence, du sel et du poivre, et badigeonnez les brochettes avec cette huile parfumée. Faites cuire les brochettes au barbecue pendant 15 minutes environ en les retournant souvent.

BROCHETTES DE LOTTE À L'AIGRE DOUCE

4 pers. **Prép. : 10 min Marinade : 30 min Cuisson : 20 min**

• 800 g de queue de lotte désossée • 1 poivron rouge
Marinade • 1 oignon • 2 cuil. à soupe de ketchup épicé • 2 cuil. à soupe de vinaigre de vin • 1 cuil. à café de sucre • 3 gouttes de Tabasco • sel

Réalisation

Épluchez l'oignon et hachez-le. Mettez-le dans une terrine, versez le vinaigre, le ketchup, le sucre, le Tabasco et un peu de sel. Mélangez bien. Coupez la lotte en cubes, mettez-les dans la marinade, retournez-les pour qu'ils soient bien enrobés, puis couvrez la terrine avec un film plastique et laissez en attente au frais pendant 30 minutes. Ouvrez le poivron, épépinez-le et coupez la chair en morceaux de la taille des cubes de lotte. Égouttez la lotte, répartissez les morceaux sur quatre brochettes en les intercalant avec des morceaux de poivron. Faites griller au barbecue pendant 15 à 20 minutes en retournant les brochettes régulièrement.

Notre conseil : servez ces brochettes avec un chutney à l'ananas (recette page 145).

BROCHETTES DE LOTTE AUX HERBES

4 pers. **Préparation : 5 min Marinade : 30 min Cuisson : 10 min**

• 800 g de lotte désossée • 8 oignons grelots
Marinade • 2 citrons verts • 1 branche de thym • 1 branche de romarin • 2 gousses d'ail • sel, poivre

Réalisation

Pressez les citrons verts, versez le jus dans une terrine, ajoutez le thym et le romarin effeuillés. Épluchez les gousses d'ail, écrasez la pulpe avec un presse-ail au-dessus de la terrine, salez, poivrez. Coupez la lotte en cubes, épluchez les oignons. Mettez oignons et lotte dans la marinade, mélangez bien, recouvrez la terrine d'un film plastique et laissez en attente pendant 30 minutes au frais. Répartissez les oignons et la lotte sur quatre brochettes huilées, et faites-les griller pendant 8 à 10 minutes en les retournant régulièrement et en les arrosant de marinade.

BROCHETTES DE LOTTE AUX POIVRONS

4 pers. **Préparation : 10 min Marinade : 2 h Cuisson : 15 min**

• 800 g de lotte désossée • 1 poivron rouge • 1 poivron vert • 1 poivron jaune
Marinade • 2 gousses d'ail • 3 cuil. à soupe d'huile d'olive • sel, poivre

Réalisation

Épluchez les gousses d'ail, écrasez-les au-dessus d'un plat creux avec un presse-ail. Versez l'huile d'olive, salez, poivrez, mélangez.
Détaillez la lotte en cubes.
Lavez les poivrons, ouvrez-les, épépinez-les et coupez la chair en morceaux de la taille des cubes de lotte. Placez la lotte et les poivrons dans l'huile parfumée, recouvrez la terrine d'un film plastique et laissez mariner 2 heures. Égouttez-les et répartissez-les sur quatre brochettes en intercalant les poivrons et la lotte. Faites cuire au barbecue pendant 15 minutes environ en retournant régulièrement les brochettes.

BROCHETTES DE LOTTE EN PERSILLADE

4 pers. **Préparation : 10 min Marinade : 2 h Cuisson : 15 min**

• 800 g de lotte désossée • 8 tomates cerise
Marinade • 1 bouquet de persil • 1 oignon • 2 gousses d'ail • 3 cuil. à soupe d'huile d'olive • sel, poivre

Réalisation

Effeuillez le persil, épluchez l'ail et l'oignon, hachez ensemble ces trois ingrédients, mettez-les dans une terrine, arrosez d'huile d'olive, salez, poivrez, mélangez.
Découpez la lotte en cubes. Placez les cubes dans cette marinade, mélangez bien, recouvrez la terrine d'un film plastique et laissez au frais pendant 2 heures. Égouttez les cubes de poisson, répartissez-les sur quatre brochettes huilées en les intercalant avec des tomates cerise. Faites griller pendant 10 à 15 minutes en les retournant et en les arrosant de marinade régulièrement. Servez le reste de marinade en saucière.

BROCHETTES DE LOTTE PANÉE AU PARMESAN

4 pers. **Préparation : 10 min Cuisson : 15 min**

• 800 g de queue de lotte désossée • 1 œuf • 2 cuil. à soupe d'huile • 4 cuil. à soupe de chapelure • 3 cuil. à soupe de parmesan râpé • sel, poivre

Réalisation

Battez l'œuf en omelette dans une assiette creuse avec l'huile et un peu de sel et de poivre. Versez la chapelure et le parmesan râpé dans une autre assiette, mélangez-les.

Découpez la lotte en cubes. Passez les cubes successivement dans l'œuf battu puis dans la chapelure au parmesan et répartissez-les sur quatre brochettes. Faites griller au barbecue pendant environ 15 minutes, jusqu'à ce que la lotte soit bien dorée et croustillante.

Notre conseil : accompagnez de quartiers de citron et d'un risotto aux légumes (recette page 116)

BROCHETTES DE MOULES ET DE CREVETTES AU CHORIZO

4 pers. **Préparation : 10 min Cuisson : 10 min**

• 24 moules • 12 grosses crevettes roses • 12 rondelles de chorizo • 4 cuil. à soupe d'huile d'olive • sel, poivre

Réalisation

Versez l'huile dans une assiette creuse, salez, poivrez et mélangez. Faites ouvrir les moules dans un récipient d'eau bouillante salée, puis décoquillez-les. Décortiquez également les crevettes crues. Garnissez quatre brochettes huilées en intercalant les crevettes, les moules et les rondelles de chorizo. Badigeonnez d'huile et faites griller pendant 10 minutes environ en retournant souvent les brochettes.

BROCHETTES DE SAINT-JACQUES ET DE CREVETTES

4 pers. **Préparation : 10 min Marinade : 2 h Cuisson : 10 min**

• 8 noix de Saint-Jacques • 12 crevettes roses • 8 tranches fines de poitrine fumée
Marinade • 6 cuil. à soupe d'huile d'olive • 4 cuil. à soupe de vin blanc sec • 2 échalotes • sel, poivre

Réalisation

Mélangez dans une terrine l'huile et le vin blanc ; épluchez les échalotes, hachez-les, ajoutez-les, salez, poivrez et mélangez.
Décortiquez les crevettes crues en laissant la queue. Mettez les noix de Saint-Jacques et les crevettes dans la marinade, retournez-les pour les imprégner, puis recouvrez la terrine d'un film plastique et laissez mariner pendant 2 heures au frais. Égouttez les noix de Saint-Jacques, enroulez-les de poitrine fumée puis garnissez-en quatre brochettes huilées en alternant avec des crevettes. Faites griller ces brochettes au barbecue pendant environ 10 minutes en les retournant régulièrement.

CABILLAUD À LA MOUTARDE EN PAPILLOTES

4 pers. **Préparation : 10 min Cuisson : 15 min**

• 4 tranches de cabillaud • 1 citron non traité • 200 g de fromage blanc • 4 cuil. à soupe de moutarde de Meaux • sel, poivre

Réalisation

Prélevez le zeste du citron avec un couteau économe puis râpez-le. Pressez le fruit. Mélangez le fromage blanc avec la moutarde et le jus de citron. Découpez quatre carrés de papier d'aluminium, déposez dessus les tranches de cabillaud, répartissez le zeste de citron puis la sauce. Salez et poivrez. Refermez hermétiquement les papillotes et faites cuire au barbecue pendant 15 minutes environ.

Notre conseil : accompagnez ce poisson de pommes de terre cuites en papillotes.

CREVETTES AUX CINQ-PARFUMS

4 pers. **Préparation : 10 min Cuisson :10 min**

• 24 grosses crevettes roses crues • 4 cuil. à soupe de cinq-parfums • 2 cuil. à soupe d'huile

Réalisation

Décortiquez les crevettes crues en laissant la queue.

Versez l'huile dans une assiette creuse, ajoutez la poudre cinq-parfums et mélangez bien. Enrobez les crevettes de cette pâte. Faites-les griller pendant 10 minutes au barbecue en les retournant à mi-cuisson.

Notre conseil : servez avec du riz thaï nature ou du riz cantonais.

DORADE AU FENOUIL EN PAPILLOTES

4 pers. **Préparation : 15 min Cuisson : 35 min**

• 4 dorades portions • 4 bulbes de fenouil • 2 cuil. à soupe de graines de fenouil • 6 cuil. à soupe d'huile d'olive • sel, poivre

Réalisation

Videz, lavez, épongez les dorades. Farcissez-les avec quelques graines de fenouil, un peu de sel et de poivre.

Émincez finement les bulbes de fenouil ou râpez-les avec une mandoline. Faites-les fondre dans une cocotte avec un peu d'huile d'olive. Découpez quatre rectangles de papier d'aluminium, déposez sur chacun d'eux une dorade, recouvrez d'un peu de fenouil râpé, arrosez d'un petit filet d'huile d'olive, puis refermez hermétiquement chaque papillote. Faites cuire au barbecue pendant environ 25 minutes.

DORADES GRILLÉES

4 pers. **Préparation : 10 min Cuisson : 20 min**

• 4 petites dorades • 2 cuil. à soupe d'huile d'olive • 2 citrons • sel, poivre

Réalisation

Videz, lavez, épongez les dorades. Coupez les citrons en rondelles, introduisez-les à l'intérieur des poissons, salez et poivrez généreusement. Badigeonnez les dorades d'un peu d'huile d'olive et faites-les griller sur le barbecue pendant 15 à 20 minutes selon leur grosseur. Retournez-les à mi-cuisson.

Notre conseil : servez ces dorades avec une sauce aux fines herbes (recette page 149).

FILETS DE CABILLAUD EN PAPILLOTES

4 pers. **Préparation : 10 min Marinade : 2 h Cuisson : 20 min**

• 4 filets de cabillaud de 150 g chacun
Marinade • 10 cl de sauce de soja • 8 cl de vin blanc sec • 1 cuil. à soupe de baies roses • 1/2 bouquet de coriandre • 1 cuil. à soupe de gingembre en poudre

Réalisation

Ciselez la coriandre, mettez-la dans un saladier, arrosez-la de vin blanc et de sauce de soja, saupoudrez de gingembre et mélangez bien.
Mettez les filets de cabillaud dans la marinade, déposez dessus quelques baies roses, recouvrez le saladier d'un film plastique et laissez en attente au frais pendant 2 heures. Découpez quatre carrés de papier d'aluminium, placez au centre un filet de poisson, arrosez d'une cuillerée à soupe de marinade et fermez hermétiquement. Faites cuire au barbecue environ 20 minutes.

GAMBAS AUX LÉGUMES

4 pers. **Prép. : 10 min Marinade : 30 min Cuisson : 10 min**

• 16 à 24 gambas • 1 poivron rouge • 200 g de pois gourmands **Marinade** • 1 yaourt nature • 1 cuil. à café de curry • 1 cuil. à café de curcuma • 4 pincées de cumin • 2 gousses d'ail • 3 cm de gingembre frais • 1 piment oiseau • 1 citron non traité • sel, poivre

Réalisation

Prélevez le zeste du citron avec un couteau économe, râpez-le et pressez le fruit. Versez le jus et le zeste dans une terrine. Emiettez le piment oiseau, versez-le dans le jus de citron ainsi que le curry, le curcuma, le cumin et le yaourt. Pelez le gingembre, râpez-le, épluchez les gousses d'ail, écrasez-les au-dessus de la terrine avec un presse-ail. Salez, poivrez. Mélangez bien.

Mettez les crevettes dans la marinade, retournez-les pour qu'elles soient imprégnées, couvrez la terrine avec un film plastique et laissez reposer au frais pendant 30 minutes. Pendant ce temps, effilez les pois gourmands, plongez-les dans une casserole d'eau bouillante salée pendant 2 minutes, puis égouttez-les. Lavez et épépinez le poivron, coupez-le en morceaux.

Égouttez les gambas, répartissez-les sur quatre brochettes en intercalant des pois gourmands et des morceaux de poivron. Faites griller au barbecue 6 minutes en retournant les brochettes à mi-cuisson.

Notre conseil : servez avec des rondelles de citron vert.

GAMBAS TANDOORI

4 pers. **Préparation : 10 min Marinade : 1 h Cuisson : 10 min**

• 16 à 20 gambas crues
Marinade • 1 yaourt nature • 2 cuil. à soupe de sauce tandoori • 2 gousses d'ail • 10 feuilles de menthe • sel

Réalisation

Mélangez dans un saladier le yaourt avec la sauce tandoori. Épluchez les gousses d'ail, écrasez-les au-dessus du saladier avec un presse-ail, ciselez finement les feuilles de menthe, ajoutez-les, salez et mélangez bien.
Décortiquez les gambas crues en laissant la queue. Mettez-les gambas dans la marinade, recouvrez la terrine d'un film plastique et laissez mariner

pendant 1 heure. Égouttez les gambas et faites-les griller 4 à 5 minutes de chaque côté.

Notre conseil : servez avec du riz basmati et une salade de concombre.

HOMARD GRILLÉ

4 pers. **Préparation : 5 min Cuisson : 20 min**

• 2 homards de 1 kg chacun • 100 g de beurre demi-sel • 1 sachet de court-bouillon • 1 bouquet garni • sel, poivre du moulin

Réalisation

Reconstituez le court-bouillon, ajoutez le bouquet garni, un peu de sel et du poivre. Dès qu'il est à ébullition, plongez les homards vivants. Comptez 5 minutes après la reprise de l'ébullition puis retirez les homards du court-bouillon. Posez-les sur une planche et coupez-les en deux dans le sens de la longueur. Tartinez généreusement la chair de beurre demi-sel et faites griller les quatre moitiés au barbecue pendant 15 à 20 minutes.

LANGOUSTINES À LA SAUGE

4 pers. **Préparation : 15 min Marinade : 30 min Cuisson : 8 min**

• 18 à 24 langoustines
Marinade • 3 citrons • 3 cuil. à soupe de sauge séchée • 4 cuil. à soupe d'huile d'olive • sel, poivre

Réalisation

Pressez les citrons, versez le jus dans une terrine, ajoutez l'huile d'olive, la sauge et du sel et du poivre.
Décortiquez les langoustines crues, mettez-les dans la terrine, mélangez bien, recouvrez la terrine d'un film plastique et laissez mariner au frais pendant 30 minutes. Égouttez les langoustines et faites-les griller au barbecue pendant 5 à 8 minutes selon leur taille en les retournant à mi-cuisson.

Notre conseil : accompagnez ces langoustines de beurre au citron (recette page 135).

LANGOUSTINES GRILLÉES MARINÉES

4 pers. **Préparation : 10 min Marinade : 30 min Cuisson : 8 min**

• 24 langoustines
Marinade • 6 cuil. à soupe d'huile d'olive • 1 citron • 4 pincées de piment de Cayenne • sel, poivre

Réalisation

Pressez le citron, versez le jus dans une terrine, ajoutez l'huile d'olive, le piment de Cayenne, du sel et une pincée de poivre. Mélangez bien.
Décortiquez les langoustines, mettez-les dans la marinade, retournez-les plusieurs fois pour qu'elles soient bien imprégnées, recouvrez la terrine d'un film plastique et placez-la au frais pendant 30 minutes. Égouttez les langoustines et faites-les griller pendant 8 minutes en les retournant à mi-cuisson.

Notre conseil : servez en entrée avec une salade de roquette.

LOUPS GRILLÉS AU FENOUIL

4 pers. **Préparation : 10 min Marinade : 2 h Cuisson : 15 min**

• 2 loups de 600 g • 1 cuil. à soupe de gros sel de mer • 1/2 cuil. à soupe de poivre en grains • 1 cuil. à soupe de graines de fenouil
Marinade • 4 gousses d'ail • 2 cuil. à soupe de graines de fenouil • 4 cuil. à soupe d'huile d'olive • 1 citron

Réalisation

Videz, lavez et essuyez les loups. Farcissez-les avec un peu de gros sel de mer, quelques grains de poivre et quelques graines de fenouil.

Versez dans une terrine l'huile d'olive. Pressez le citron, ajoutez le jus. Épluchez les gousses d'ail, écrasez-les au presse-ail au-dessus de la terrine, ajoutez le reste de graines de fenouil et un peu de poivre. Mélangez, placez les poissons dans la marinade et recouvrez la terrine d'un film plastique. Laissez au frais pendant 2 heures. Égouttez les loups et faites les cuire au barbecue pendant environ 15 minutes en les retournant à mi-cuisson et en les arrosant avec la marinade.

MIXED GRILL DE POISSONS

4 pers. **Préparation : 5 min Cuisson : 10 min**

• 200 g de saumon frais • 200 g de lotte • 200 g de cabillaud • 4 grosses crevettes • 1 citron • sel, poivre

Réalisation

Coupez les poissons en quatre parts, faites-les griller au barbecue avec les crevettes pendant 8 à 10 minutes, répartissez-les sur les assiettes. Salez, poivrez et ornez d'un quart de citron.

Notre conseil : accompagnez de riz, de courgettes, de brocolis, de tomates.

PAPILLOTES DE LOTTE À L'ORANGE

4 pers. **Préparation : 10 min Marinade : 2 h Cuisson : 15 min**

• 800 g de lotte désossée
Marinade • 4 gousses d'ail • 4 échalotes • 1 orange non traitée • 1 citron • 2 branches d'estragon • sel, poivre

Réalisation

Pressez le citron, versez le jus dans une terrine. Prélevez le zeste de l'orange avec un couteau économe et râpez-le. Épluchez et hachez ail et échalotes. Effeuillez l'estragon. Mettez dans le jus de citron les zestes d'orange, l'échalote et l'ail hachés et les feuilles d'estragon, un peu de sel et de poivre.

Découpez la lotte en quatre parts égales. Placez les morceaux dans la marinade, recouvrez la terrine d'un film plastique et laissez en attente au frais pendant 2 heures. Découpez quatre carrés de papier d'aluminium, déposez au centre un morceau de lotte, arrosez d'une cuillerée à soupe de marinade et fermez hermétiquement la papillote. Faites cuire environ 15 minutes.

PAPILLOTES DE MERLAN AU FENOUIL CONFIT ET AU PASTIS

4 pers. **Préparation : 10 min Cuisson : 30 min**

• 4 filets de merlan • 1 oignon • 2 fenouils • 4 branches de basilic • 80 g de beurre • 4 cl de pastis • sel, poivre

Réalisation

Épluchez l'oignon, enlevez les feuilles flétries des bulbes de fenouil, puis émincez-les finement. Faites fondre le beurre dans une casserole, ajoutez fenouil et oignon et faites confire à feu doux pendant 20 minutes en remuant souvent. Ajoutez le pastis et les feuilles de basilic, poursuivez la cuisson pendant 10 minutes. Découpez quatre carrés de papier d'aluminium, déposez sur chacun d'eux un filet de merlan et un peu de fondue d'oignon. Salez et poivrez. Refermez hermétiquement les papillotes puis faites cuire au barbecue pendant 15 à 20 minutes.

PAPILLOTES DE SAUMON EN PERSILLADE

4 pers. **Préparation : 10 min Cuisson : 10 min**

• 4 filets de saumon • 1 gousse d'ail • 1 citron • 70 g de chapelure • 1 bouquet de persil frais • sel, poivre

Réalisation

Pressez le citron, épluchez et écrasez la gousse d'ail, hachez finement le persil. Versez la chapelure dans une jatte et ajoutez l'ail écrasé, 2 cuillerées à soupe du jus de citron, le persil haché, un peu de sel et de poivre. Mélangez. Découpez quatre carrés de papier d'aluminium, déposez au centre de chacun un filet de saumon, et répartissez la persillade sur le poisson. Refermez hermétiquement les papillotes et faites cuire au barbecue pendant 10 minutes.

PAPILLOTES DE SOLE À LA VANILLE

4 pers. **Préparation : 5 min Cuisson : 15 min**

• 8 filets de sole • 2 bâtons de vanille • 40 g de beurre • sel, poivre

Réalisation

Étalez les filets de sole sur une planche, salez-les, poivrez-les, tartinez-les d'un peu de beurre, puis enroulez-les autour d'un tronçon de bâton de vanille. Découpez quatre carrés de papier d'aluminium, placez au centre de chacun deux filets de sole et refermez les papillotes hermétiquement. Faites cuire au barbecue pendant environ 15 minutes.

Notre conseil : servez avec un beurre de vanille (recette page 142).

PAVÉS DE CABILLAUD AU CUMIN ET AU PAPRIKA

4 pers. **Prép. : 10 min Marinade : 30 min Cuisson : 20 min**

• 4 pavés de cabillaud de 150 à 200 g
Marinade • 3 citrons • 1 gousse d'ail • 1 cuil. à café de graines de cumin • 1 cuil. à café de graines de coriandre • 1 pincée de paprika • sel, poivre

Réalisation

Pressez les citrons, versez le jus dans une terrine. Épluchez et pressez la gousse d'ail au-dessus de la terrine. Ajoutez les épices et un peu de sel et de poivre. Mélangez et placez les pavés de poisson dans cette marinade. Couvrez la terrine et laissez reposer 30 minutes au frais. Égouttez le poisson et faites-le griller pendant 15 à 20 minutes en le retournant à mi-cuisson.

PAVÉS DE SAUMON AUX HERBES

4 pers. **Préparation : 15 min Cuisson : 10 min**

• 4 pavés de saumon de 150 g • 6 cuil. à soupe de chapelure • 1 bouquet d'estragon • 1 bouquet de persil plat • 1 gousse d'ail • 4 cuil. à soupe d'huile d'olive • sel, poivre

Réalisation

Épluchez l'ail, écrasez-le au-dessus d'un saladier avec un presse-ail. Lavez, épongez et hachez finement les herbes, mettez-les dans le saladier ainsi que la chapelure, l'huile, du sel et du poivre. Mélangez bien. Roulez les pavés de saumon dans cette préparation et faites-les griller au barbecue pendant 10 minutes en les retournant à mi-cuisson.

ROUGETS FARCIS EN PAPILLOTES

4 pers. **Préparation : 20 min Cuisson : 20 min**

• 4 rougets • 250 g de champignons de Paris • 1 échalote • 30 g de beurre • 6 cuil. à soupe d'huile d'olive • sel, poivre
Farce • 50 g de beurre • 1/2 citron • 4 branches de persil • sel, poivre

Réalisation

Lavez, essuyez les champignons et coupez-les en lamelles. Pelez et émincez l'échalote. Faites fondre le beurre dans une poêle, faites revenir les champignons et l'échalote pendant 5 minutes, salez, poivrez.
Hachez le persil, pressez le demi citron. Malaxez le beurre avec le persil et le jus de citron, salez et poivrez. Farcissez chaque poisson avec cette préparation.
Découpez quatre rectangles de papier d'aluminium fort. Déposez dans chaque papillote un rouget farci et une grosse cuillerée à soupe du mélange champignons et échalote. Arrosez d'huile d'olive et refermez hermétiquement les papillotes. Faites cuire pendant 15 minutes environ.

ROUGETS À LA CONCASSÉE D'OLIVES

4 pers. **Préparation : 15 min Cuisson : 30 min**

• 4 rougets • 2 tomates grappe • 200 g d'olives noires dénoyautées • 4 cuil. à soupe d'huile d'olive • 2 branches de thym • poivre

Réalisation

Pelez les tomates après les avoir ébouillantées, épépinez-les. Rincez les olives et hachez-les grossièrement avec les tomates. Versez 1 cuillerée d'huile d'olive dans une casserole, faites confire la concassée pendant 15 minutes à feu très doux, puis ajoutez le thym effeuillé et du poivre. Écaillez, videz, rincez, essuyez les rougets. Farcissez les poissons avec la concassée. Enduisez-les d'huile d'olive, puis faites-les cuire pendant 10 à 15 minutes au barbecue en les retournant à mi-cuisson.

SAUMON À L'UNILATÉRALE

4 pers. Préparation : 15 min Cuisson : 20 min

• 1 saumon sauvage entier, vidé et non écaillé • sel, poivre

Réalisation

Ouvrez le saumon en deux le long de l'arête centrale. Enlevez celle-ci ainsi que toutes les petites arêtes latérales à l'aide d'une pince à épiler. Déposez le saumon côté peau sur le barbecue. Laissez-le cuire doucement sans le retourner jusqu'à ce que la chair devienne rosée. Salez et poivrez.

Notre conseil : accompagnez ce saumon de rondelles de citron, de crème fraîche, d'aneth ciselé.

SAUMON TERIYAKI

4 pers. **Prép. : 20 min Marinade : 30 min Cuisson : 10 min**

• 4 pavés de saumon • poivre du moulin
Marinade • 5 cl de mirin (ou de noilly prat) • 5 cl de saké • 4 cuil. à soupe de sauce de soja • 1 cuil. à café de sucre • 2 cm de gingembre frais • 4 branches de basilic
Sauce • 1/2 cuil. à café de Maïzena • 20 g de beurre

Réalisation

Pelez et râpez le gingembre, effeuillez et hachez le basilic ; mettez-les dans une terrine, arrosez de mirin, de saké, de sauce de soja et ajoutez le sucre. Mélangez bien.

Placez les pavés de saumon dans la marinade après avoir pratiqué de larges entailles dans la chair. Recouvrez la terrine d'un film plastique et laissez mariner au frais pendant 30 minutes. Égouttez les pavés de saumon et faites-les griller pendant 10 minutes en les retournant à mi-cuisson. Poivrez-les.

Versez la marinade dans une casserole, portez à ébullition et faites réduire de moitié. Diluez la Maïzena dans 1 cuillerée à soupe d'eau froide et versez dans la marinade chaude. Donnez un bouillon puis incorporez le beurre en parcelles en fouettant. Dès que la sauce est onctueuse, retirez du feu et versez dans une saucière.

THON AU BASILIC

4 pers. **Prép. : 10 min Marinade : 30 min Cuisson : 30 min**

• 4 tranches de thon de 3 à 4 cm d'épaisseur
Marinade • 1 citron • 4 cuil. à soupe d'huile • sel, poivre
Sauce • 4 gousses d'ail • 1 bouquet de basilic • 3 cuil. à soupe d'huile d'olive • sel, poivre

Réalisation

Pressez le citron. Mélangez dans une terrine l'huile avec le jus du citron. Salez et poivrez.
Mettez les tranches de thon dans la marinade, retournez-les plusieurs fois et laissez reposer environ 30 minutes. Égouttez les tranches et faites-les griller au barbecue 10 à 15 minutes de chaque côté.
Épluchez et hachez l'ail, mixez-le avec les feuilles de basilic, l'huile et un peu de sel et de poivre. Disposez les tranches de thon sur un plat, versez la sauce dessus.

THON AUX DEUX POIVRES

4 pers. **Préparation : 5 min Cuisson : 15 min**

• 4 tranches de thon de 150 g chacune • 1 cuil. à soupe de poivre rose • 1 cuil. à soupe de poivre noir • 2 cuil. à soupe d'huile d'olive • sel de Guérande

Réalisation

Concassez les deux poivres, mettez-les dans un plat creux, ajoutez l'huile et un peu de sel de Guérande. Mélangez et placez les tranches de thon dans cette préparation en les retournant plusieurs fois pour qu'elles soient bien enrobées. Égouttez-les et faites-les griller au barbecue pendant 10 à 15 minutes en les retournant à mi-cuisson.

THON AUX OIGNONS EN PAPILLOTES

4 pers. **Préparation : 15 min Cuisson : 40 min**

• 4 tranches de thon frais d'environ 200 g chacune • 500 g d'oignons • 2 cuil. à soupe d'huile • 1 cuil. à soupe de sucre semoule • 1 cuil. à soupe de vinaigre de vin • sel, poivre

Réalisation

Épluchez les oignons, hachez-les finement, mettez-les dans un saladier. Ajoutez l'huile, le sucre, le vinaigre et un peu de sel et de poivre. Mélangez. Découpez quatre carrés dans du papier d'aluminium. Déposez au centre de chacun d'eux un peu de hachis d'oignon, recouvrez d'une tranche de thon puis recouvrez de hachis. Fermez hermétiquement les papillotes. Faites cuire au barbecue environ 40 minutes en retournant les papillotes à mi-cuisson.

THON GRILLÉ AU CONFIT D'AIL ET AUX ANCHOIS

4 pers. **Préparation : 5 min Cuisson : 30 min**

• 4 tranches de thon frais • 24 gousses d'ail • 8 cuil. à soupe d'huile d'olive • 12 filets d'anchois à l'huile • poivre du moulin

Réalisation

Versez 4 cuillerées à soupe d'huile d'olive dans une casserole, mettez les gousses d'ail non épluchées, ajoutez 1 cuillerée à café d'eau et faites confire à très petit feu pendant 25 minutes en surveillant : les gousses ne doivent pas attacher ; ajoutez un peu d'eau si nécessaire. Badigeonnez les tranches de thon d'huile et faites-les griller au barbecue pendant 10 à 15 minutes selon la cuisson désirée en les retournant au bout de 5 minutes. Disposez les tranches sur les assiettes, mettez sur chacune 3 filets d'anchois et quelques gousses d'ail confites. Donnez un tour de moulin à poivre. Servez sans attendre.

TRUITES EN PAPILLOTES AU CITRON CONFIT

4 pers. **Préparation : 10 min Cuisson : 20 min**

• 4 truites en filets • 1 citron confit • 2 gousses d'ail • 1 cuil. à café de cumin en poudre • 2 cuil. à soupe d'huile d'olive • 10 branches de coriandre • sel, poivre

Réalisation

Épluchez l'ail et hachez-le finement avec le citron confit et les feuilles de coriandre. Mélangez avec le cumin, l'huile d'olive, un peu de sel et de poivre. Découpez quatre carrés de papier d'aluminium, disposez sur chacun quatre filets de truite en les badigeonnant de préparation. Refermez hermétiquement les papillotes et faites cuire au barbecue pendant environ 20 minutes.

TRUITES GRILLÉES AU LARD

4 pers. **Préparation : 20 min Cuisson : 15 min**

• 4 belles truites • 12 tranches fines de poitrine fumée • 80 g de beurre d'escargot • 1 bouquet de persil • 2 échalotes • sel, poivre

Réalisation

Videz, lavez et essuyez les truites. Épluchez les échalotes, effeuillez le persil et hachez-les. Incorporez ce hachis au beurre en travaillant à la fourchette, salez et poivrez. Farcissez-en les truites. Entourez chaque truite de 3 tranches de poitrine fumée en les maintenant avec de la ficelle. Faites cuire les truites pendant 15 minutes en les retournant à mi-cuisson.

•

BLANCS DE POULET À LA PÂTE D'ÉPICES

4 pers. **Préparation : 15 min Cuisson : 30 min**

• 800 g de blancs de poulet • 2 oignons • 2 gousses d'ail • 1 piment oiseau • 4 clous de girofle • 1 citron confit • 2 cm de gingembre frais • 40 g de cacahuètes • 4 cuil. à soupe de noix de coco • 4 cuil. à soupe d'huile • 1 cuil. à café de nuoc-mâm

Réalisation

Préparez la pâte d'épices : épluchez et hachez finement ensemble le gingembre, les oignons et l'ail. Mettez le hachis dans un saladier. Hachez le citron confit et les cacahuètes, ajoutez-les, ainsi que le clou de girofle et le piment émiettés, la noix de coco, l'huile et le nuoc-mâm. Malaxez le mélange à la fourchette pour obtenir une pâte homogène. Recouvrez les blancs de poulet de pâte d'épices. Découpez quatre feuilles de papier d'aluminium, déposez au centre de chacun d'eux un blanc de poulet et refermez hermétiquement la papillote. Faites cuire au barbecue pendant 30 minutes environ.

BLANCS DE POULET AU CITRON VERT ET AU PIMENT

4 pers. **Prép. : 10 min Marinade : 30 min Cuisson : 30 min**

• 4 blancs de poulet
Marinade • 1 piment frais • 2 oignons • 2 gousses d'ail • 1 citron vert • 1 botte de ciboulette • sel

Réalisation

Épluchez l'ail et l'oignon. Pressez le citron vert. Lavez le piment, coupez-le en deux et épépinez-le en prenant soin de vous laver les mains immédiatement après (le suc du piment est très irritant pour les yeux et les muqueuses). Hachez finement ail, oignon et piment, versez dans une terrine puis ajoutez le jus du citron vert, un peu de sel, et enfin la ciboulette ciselée. Mélangez bien.
Mettez les blancs de poulet dans la marinade, retournez-les plusieurs fois pour qu'ils soient bien enrobés, puis recouvrez la terrine d'un film plastique. Laissez en attente pendant 30 minutes.
Égouttez les blancs de poulet, faites-les griller au barbecue pendant 20 à 30 minutes. Servez la marinade en saucière.

BŒUF À LA JAPONAISE

4 pers. **Préparation : 8 min Marinade : 15 min Cuisson : 4 min**

• 600 g de faux-filet
Marinade • 20 cl de saké les mains • 8 cuil. à soupe de sauce de soja • 3 cm de gingembre frais

Réalisation

Pelez le gingembre et râpez-le. Mélangez dans une terrine la moitié du saké, de la sauce de soja et du gingembre râpé.
Coupez la viande en fines lanières, mettez-les dans la marinade, couvrez et laissez en attente 15 minutes. Pendant ce temps, faites chauffer le reste de saké, flambez-le, puis hors du feu, versez la sauce de soja et ajoutez le gingembre râpé restant. Égouttez la viande et faites-la griller au barbecue pendant 1 à 2 minutes de chaque côté selon le degré de cuisson désiré. Servez la sauce en saucière.

Notre conseil : accompagnez ce bœuf à la japonaise de riz thaï.

BŒUF AUX POIVRONS

4 pers. **Préparation : 10 min Marinade : 30 min Cuisson : 8 min**

• 800 g de rumsteck • 1 poivron rouge • 1 poivron vert • 1 poivron jaune

Marinade • 4 cm de gingembre frais • 2 gousses d'ail • 1 oignon • 4 cuil. à soupe de sauce soja • 4 cuil. à soupe d'huile • 1 bouquet de coriandre

Réalisation

Pelez et râpez le gingembre, épluchez et écrasez l'ail, pelez et hachez l'oignon. Mettez ces ingrédients dans une terrine, arrosez de sauce soja et d'huile. Hachez la coriandre et ajoutez-la. Mélangez bien.

Coupez la viande en lamelles. Lavez et épépinez les poivrons, détaillez-les en lamelles de la même taille. Mettez la viande et les poivrons dans la marinade, mélangez bien et laissez reposer pendant 30 minutes. Garnissez quatre brochettes huilées en alternant viande et poivrons de couleurs différentes. Faites griller 5 à 8 minutes selon le degré de cuisson désiré.

BROCHETTES D'AGNEAU À LA FLEUR DE THYM

4 pers. **Préparation : 5 min Cuisson : 10 min**

• 600 g de gigot d'agneau • 6 branches de thym • sel, poivre

Réalisation

Coupez le gigot en cubes. Effeuillez le thym au-dessus d'une assiette creuse, ajoutez du sel et du poivre. Roulez les cubes d'agneau dans ce mélange, puis répartissez-les sur quatre brochettes huilées. Faites-les cuire au barbecue pendant 8 à 10 minutes en les retournant régulièrement.

Notre conseil : servez avec des tomates au four ou un risotto aux légumes (recette page 116).

BROCHETTES D'AGNEAU AU CUMIN

4 pers. **Préparation : 10 min Marinade : 1 h Cuisson : 15 min**

• 800 g d'épaule d'agneau hachée • 1 œuf • 2 tranches de pain rassis • 1 cuil. à café de cumin • 1 oignon • 1 gousse d'ail • 4 cuil. à soupe d'huile • sel

Réalisation

Épluchez l'ail et l'oignon, hachez-les et mettez-les dans un saladier. Mouillez le pain avec un peu d'eau, malaxez-le entre vos doigts et émiettez-le dans le saladier. Ajoutez la viande, l'œuf entier, le cumin, l'huile et du sel. Mélangez intimement. Façonnez des petites boulettes entre vos mains, mettez-les au réfrigérateur pendant 1 heure, puis enfilez-les sur des brochettes huilées. Faites-les cuire environ 15 minutes au barbecue en les retournant régulièrement.

Notre conseil : servez ces brochettes avec une salade de romaine et d'oignons frais assaisonnée à l'huile d'olive et décorée de feuilles de menthe.

BROCHETTES DE BŒUF MARINÉ

4 pers. **Préparation : 15 min Marinade : 30 min Cuisson : 8 min**

• 600 g de rumsteack • 1 poivron vert • 8 tomates cerise • 8 petits oignons blancs • 8 champignons de Paris **Marinade** • 4 cuil. à soupe d'huile • 2 cuil. à café de vinaigre de vin • 1 branche d'estragon • 2 feuilles de laurier • 2 branches de thym • sel, poivre

Réalisation

Versez dans un plat creux le vinaigre et l'huile, ajoutez le thym effeuillé, les feuilles de laurier émiettées, les feuilles d'estragon, du sel et du poivre.
Coupez la viande en cubes, placez-les dans la marinade en retournant les morceaux plusieurs fois pour qu'ils soient enrobés. Recouvrez le plat d'un film plastique et laissez en attente pendant 30 minutes. Pendant ce temps, lavez les champignons et les tomates, essuyez-les. Lavez le poivron, épépinez-le et coupez-le en morceaux. Épluchez les oignons. Sortez le bœuf de la marinade, enfilez les cubes sur des brochettes huilées en les intercalant avec les tomates, les oignons, les champignons et les morceaux de poivron. Faites griller les brochettes pendant 5 à 8 minutes selon le degré de cuisson désiré en les retournant régulièrement.

BROCHETTES DE DINDE À LA PAPAYE

4 pers. **Préparation : 20 min Cuisson : 15 min**

• 800 g de filet de dinde • 2 papayes • 1 citron vert • 1 échalote • 2 oignons • 2 cuil. à soupe d'huile de tournesol • sel, poivre
Sauce • 1 cuil. à café de paprika • 1 cuil. à soupe de farine • 1 cuil. à café de concentré de tomates • 40 g de beurre

Réalisation

Pressez le citron. Épluchez et hachez l'échalote. Pelez les papayes et coupez-les en deux. Enlevez les graines et coupez la pulpe en tranches dans un saladier. Ajoutez le jus de citron et l'échalote, salez, poivrez et mélangez bien. Découpez le filet de dinde en gros cubes. Épluchez les oignons et coupez-les en quatre. Répartissez sur quatre brochettes huilées en les intercalant les cubes de dinde, les morceaux d'oignon et les tranches de papaye égouttées. Badigeonnez les brochettes d'huile de tournesol. Faites-les griller au barbecue pendant 15 minutes.

Pendant ce temps, préparez la sauce : faites fondre dans une casserole le beurre, ajoutez la farine, le paprika, le concentré de tomates et le jus de macération des papayes. Mélangez bien. Ajoutez un filet de jus de citron si la sauce est trop épaisse. Servez en saucière avec les brochettes.

Notre conseil : accompagnez ce plat de riz basmati nature.

BROCHETTES DE DINDE AU CURRY

4 pers. **Préparation : 15 min Marinade : 1 h Cuisson : 15 min**

• 600 g de filet de dinde
Marinade • 4 gousses d'ail • 1 yaourt nature • 1 citron non traité • 1 cuil. à café de coriandre • 3 cuil. à café de curry en poudre • 2 cuil. à soupe d'huile d'olive • sel, poivre

Réalisation

Pressez le citron. Épluchez et hachez l'ail. Mélangez dans une terrine le jus de citron, l'huile, l'ail, le yaourt, le curry, la coriandre, un peu de sel et de poivre. Coupez le filet de dinde en cubes, mettez-les dans cette marinade et laissez en attente au frais pendant 1 heure. Égouttez les cubes de dinde et répartissez-les sur quatre brochettes huilées. Faites-les griller pendant 15 minutes environ en les retournant souvent et en les arrosant avec la marinade.

BROCHETTES DE LAPIN MARINÉ À LA MOUTARDE

4 pers. **Préparation : 10 min Marinade : 2 h Cuisson : 20 min**

• 1 kg de râbles de lapin • 12 petits oignons
Marinade • 10 cl d'huile d'olive • 2 cuil. à soupe de moutarde à l'ancienne • sel, poivre

Réalisation

Mélangez dans une terrine la moutarde, l'huile, du sel et du poivre.
Prélevez la chair de lapin sur les râbles et coupez-la en gros dés. Mettez-les dans la marinade, retournez-les plusieurs fois pour qu'ils soient bien enrobés, couvrez la terrine et laissez au frais pendant 2 heures. Épluchez les oignons. Égouttez les morceaux de lapin, répartissez-les sur quatre brochettes en les intercalant avec les oignons. Faites griller pendant 15 à 20 minutes.

BROCHETTES DE PORC AUX OIGNONS

4 pers. **Préparation : 10 min Marinade : 2 h Cuisson : 15 min**

• 800 g de porc dans l'échine • 2 oignons rouges **Marinade** • 3 tiges de romarin • 4 branches de sauge • 1 citron • 2 gousses d'ail • 4 cuil. à soupe d'huile • 1 cuil. à café de graines de fenouil • sel, poivre

Réalisation

Pressez le citron, versez le jus dans une terrine et ajoutez l'huile d'olive. Pelez l'ail, écrasez-le au-dessus de la terrine avec un presse-ail, ajoutez les herbes effeuillées, les graines de fenouil, du sel et du poivre. Mélangez bien. Découpez l'échine de porc en cubes, mettez-les dans la terrine, mélangez bien pour que la viande soit imprégnée de marinade, couvrez d'un film alimentaire et laissez en attente pendant 2 heures. Coupez les oignons en quatre. Répartissez les cubes de porc et les oignons sur quatre brochettes huilées. Faites-les cuire pendant environ 15 minutes au barbecue en les retournant souvent et en les badigeonnant de marinade.

Notre conseil : si vous ne trouvez pas de sauge fraîche, vous pouvez utiliser 2 cuillerées à soupe de sauge séchée.

BROCHETTES DE PORC AUX POMMES

4 pers. **Préparation : 10 min Marinade : 2 h Cuisson : 20 min**

• 1 filet mignon de porc • 2 pommes reinettes • 1/2 citron **Marinade** • 1 cuil. à soupe de calvados • 6 cuil. à soupe d'huile d'olive • 4 feuilles de sauge • 2 branches de thym • 2 feuilles de laurier • sel, poivre

Réalisation

Brisez les feuilles de sauge et de laurier entre vos doigts, mettez-les dans une terrine, effeuillez le thym, ajoutez un peu de sel et de poivre, puis le calvados et l'huile. Mélangez bien.

Découpez le filet mignon en cubes, mettez-les dans la marinade, retournez plusieurs fois pour qu'ils soient bien enrobés, recouvrez la terrine d'un film plastique et laissez en attente au frais pendant 2 heures. Épluchez les pommes, coupez la chair en cubes, citronnez-les pour qu'ils ne noircissent pas. Égouttez les cubes de viande, répartissez-les sur quatre brochettes en intercalant des morceaux de pomme. Faites griller pendant 20 minutes environ en retournant les brochettes à mi-cuisson et en les badigeonnant de marinade.

BROCHETTES DE POULET AUX ÉPICES

4 pers. **Préparation : 15 min Marinade : 1 h Cuisson : 15 min**

• 800 g de blancs de poulet
Marinade • 1/2 cuil. à café de safran en poudre • 3 cm de gingembre • 2 cuil. à café de coriandre en poudre • 1 cuil. à café de cumin en poudre • 2 pincées de piment fort en poudre • 2 gousses d'ail • 2 citrons • 2 yaourts bulgares nature • sel, poivre

Réalisation

Pressez les citrons, mélangez le jus dans un saladier avec les yaourts. Pelez le gingembre et l'ail, mixez-les, ajoutez-les au contenu du saladier ainsi que les épices, du sel et du poivre.
Coupez les blancs de poulet en cubes, mettez-les dans la marinade, retournez-les plusieurs fois pour qu'ils soient bien imprégnés. Recouvrez le saladier d'un film plastique et laissez-les au frais pendant 1 heure. Égouttez les cubes de poulet, répartissez-les sur quatre brochettes et faites-les cuire au barbecue pendant 15 minutes en les retournant régulièrement.

Notre conseil : servez avec du riz basmati et une salade de concombre au yaourt et à la menthe.

BROCHETTES DE PORC ET DE VEAU ÉPICÉES À LA MENTHE

4 pers. **Préparation : 15 min Cuisson : 10 min**

• 400 g de porc dans l'échine au frais • 400 g de veau dans la noix • 1 bouquet de menthe • 1 oignon • 1 cuil. à soupe de cannelle en poudre • 1 cuil. à café de cumin en poudre • 1 cuil. à café de garam masala • 2 cuil. à café de paprika doux • sel, poivre
Sauce • 1 petit piment rouge • 1 petit piment vert • 1 concombre • 1 citron vert

Réalisation

Épluchez l'oignon, hachez-le avec les feuilles de menthe, les viandes, du sel et du poivre. Incorporez les épices, mélangez bien et façonnez des petites boulettes autour de quatre brochettes huilées.
Pressez le citron vert, versez le jus dans un bol. Épépinez les piments, coupez-les en très petits dés en prenant soin de vous laver les mains immédiatement après les avoir manipulés. Lavez le concombre sans l'éplucher, essuyez-le et coupez-le en petits dés également. Mélangez le jus de citron avec le concombre et le poivron. Faites cuire les brochettes pendant 10 minutes environ au barbecue en les retournant à mi-cuisson.

Notre conseil : servez ces brochettes avec une salade de couscous ou une salade aux herbes (recettes page 121 et page 117).

BROCHETTES DE PORC THAÏLANDAISES

4 pers. **Préparation : 15 min Marinade : 30 min Cuisson : 15 min**

• 800 g de porc dans l'échine
Marinade • 3 cuil. à café de curry • 3 cuil. à soupe d'huile • 6 cuil. à soupe de lait de coco • sel
Sauce • 600 g de beurre de cacahuètes • 7 cuil. à soupe d'huile • 4 cuil. à soupe de satay en poudre • 2 cuil. à soupe de vinaigre

Réalisation

Versez le lait de coco dans une terrine, ajoutez le curry, l'huile et un peu de sel.
Coupez la viande en cubes, mettez-les dans la marinade, retournez-les plusieurs fois pour qu'ils soient bien enrobés, couvrez la terrine et laissez en attente pendant 30 minutes.
Mélangez le beurre de cacahuètes, le satay, le vinaigre et l'huile. Égouttez les cubes de porc, répartissez-les sur quatre brochettes huilées. Faites griller les brochettes au barbecue pendant environ

15 minutes en les retournant à mi-cuisson. Servez avec la sauce au beurre de cacahuètes.

Notre conseil : accompagnez ces brochettes de crudités.

BROCHETTES DE POULET AUX HERBES

4 pers. **Préparation : 10 min Marinade : 2 h Cuisson : 20 min**

• 700 à 800 g de blancs de poulet • 4 foies de volaille • 2 tranches épaisses de poitrine fumée • 8 tomates cerise
Marinade • 1 citron • 4 feuilles de laurier • 2 branches de thym • 4 cuil. à soupe d'huile d'olive • sel, poivre

Réalisation

Pressez le citron, versez le jus dans une terrine, ajoutez l'huile, les feuilles de laurier brisées en plusieurs morceaux, le thym effeuillé, du sel et du poivre.
Coupez les blancs de poulet en cubes et la poitrine fumée en gros lardons. Mettez les morceaux de poulet et les foies dans la marinade, mélangez et recouvrez la terrine d'un film plastique. Laissez mariner au frais pendant 2 heures. Égouttez

les foies et les cubes de poulet, répartissez-les sur quatre brochettes huilées en intercalant quelques tomates. Faites griller pendant 20 minutes environ en les retournant régulièrement et en les badigeonnant de marinade.

BROCHETTES DE POULET AUX NOIX DE CAJOU

4 pers. **Prép. : 10 min Marinade : 30 min Cuisson : 20 min**

• 800 g de blancs de poulet • 4 cuil. à soupe de noix de cajou nature **Marinade** • 3 gousses d'ail • 2 cuil. à soupe d'origan • 1 citron non traité • 2 cuil. à soupe d'huile d'olive • sel, poivre

Réalisation

Prélevez le zeste du citron avec un couteau économe, râpez-le et mettez-le dans une terrine. Pressez le fruit, versez le jus dans la terrine, ajoutez l'huile, l'origan, du sel et du poivre. Épluchez les gousses d'ail et écrasez-les au presse-ail au-dessus de la terrine.

Coupez les blancs de poulet en cubes, mettez-les dans la terrine, retournez-les plusieurs fois pour qu'ils soient bien enrobés, couvrez la terrine et laissez en attente pendant 30 minutes. Égouttez les cubes de poulet, répartissez-les sur quatre brochettes huilées et faites-les griller pendant 15 à 20 minutes en les retournant souvent. Concassez grossièrement les noix de cajou, faites-les griller 2 minutes dans une poêle à revêtement antiadhésif. Mettez-les dans une assiette creuse. Roulez les brochettes dans les noix de cajou au moment de servir.

Notre conseil : accompagnez ces brochettes de beurre au citron (recette page 135).

BROCHETTES DE POULET THAÏ

4 pers. **Préparation : 15 min Marinade : 1 h Cuisson : 15 min**

• 600 g de blancs de poulet • 8 tomates cerise • 8 petits oignons grelots **Marinade** • 1 citron vert • 1 piment • 4 cuil. à soupe de sauce de soja • 2 cm de gingembre frais • 1 bouquet de coriandre • sel, poivre

Réalisation

Pressez le citron vert, versez le jus dans un saladier. Pelez et râpez le gingembre. Ouvrez le piment, ôtez les graines et coupez la chair en très petits dés. Ajoutez au jus de citron le gingembre, la sauce de soja, le piment, du sel et du poivre. Mélangez. Découpez les blancs de poulet en cubes. Mettez-les dans la marinade, retournez-les plusieurs fois pour qu'ils soient bien enrobés et laissez en attente pendant 1 heure. Égouttez les cubes de poulet, répartissez-les sur quatre brochettes en intercalant les tomates cerise et les oignons grelots. Faites cuire au barbecue pendant 15 minutes environ en les retournant souvent. Parsemez de coriandre ciselée au moment de servir.

Notre conseil : servez ces brochettes sur un lit de laitue en chiffonnade avec des rondelles de concombre.

BROCHETTES DE VEAU À L'ORIGAN ET À LA MENTHE

4 pers. **Préparation : 10 min Marinade : 2 h Cuisson : 15 min**

• 800 g de quasi de veau
Marinade • 6 cuil. à soupe d'origan • 1 bouquet de menthe • 4 cuil. à soupe d'huile d'olive • 8 cl de vin blanc doux • sel, poivre

Réalisation

Versez le vin dans une terrine, ajoutez l'huile d'olive, du sel et du poivre. Lavez, effeuillez et ciselez la menthe. Mettez la moitié des herbes dans la terrine.

Découpez la viande en cubes, mettez-les dans la marinade, retournez-les plusieurs fois pour qu'ils soient bien enrobés, recouvrez la terrine avec un film plastique et laissez en attente pendant 2 heures au frais. Égouttez les morceaux de viande, répartissez-les sur quatre brochettes et faites griller pendant 15 minutes en retournant les brochettes à mi-cuisson. Lorsqu'elles sont cuites, saupoudrez-les avec les herbes restantes.

BROCHETTES MAROCAINES

4 pers. **Préparation : 15 min Marinade : 2 h Cuisson : 25 min**

• 400 g d'agneau dans le gigot • 4 merguez • 1 poivron vert • 1 poivron rouge • 4 petits oignons
Marinade • 6 cuil. à soupe d'huile d'olive • 1 cuil. à soupe de ras el hanout • 1 cuil. à café de cumin en poudre • sel, poivre

Réalisation

Mélangez dans une terrine l'huile d'olive avec les épices, du sel et du poivre.
Dégraissez au maximum la viande et coupez-la en cubes. Placez-les dans la marinade, retournez-les plusieurs fois pour qu'ils soient bien imprégnés, couvrez la terrine avec un film plastique et laissez en attente pendant 2 heures. Pendant ce temps, lavez et épépinez les poivrons, coupez-les en morceaux. Épluchez les oignons. Coupez les merguez en morceaux de 2 cm de longueur. Égouttez les cubes d'agneau, répartissez-les sur quatre brochettes huilées en intercalant des morceaux de merguez, de poivron et des oignons. Faites griller pendant 20 à 25 minutes en les retournant plusieurs fois et en les badigeonnant de marinade régulièrement.

BROCHETTES MIXTES

4 pers. **Préparation : 10 min Cuisson : 15 min**

• 4 rognons de porc • 4 gros champignons • 150 g de poitrine fumé • 4 chipolatas • 2 cuil. à soupe d'huile • sel, poivre

Réalisation

Ouvrez les rognons en deux, ôtez les filets blancs à l'intérieur et la pellicule qui les entoure. Lavez et essuyez les champignons, détachez les pieds que vous garderez pour une autre préparation. Coupez la poitrine fumée en gros lardons et les chipolatas en tronçons de 2 cm. Garnissez quatre brochettes huilées avec les moitiés de rognon, les têtes de champignon, les lardons et les morceaux de chipolata. Faites griller les brochettes environ 15 minutes en les retournant à mi-cuisson. Salez et poivrez.

Notre conseil : servez avec un beurre parfumé (recettes pages 135 à 143).

CAILLES AUX RAISINS SECS

4 pers. **Prép. : 15 min Macération : 30 min Cuisson : 30 min**

• 8 cailles • 8 tranches fines de poitrine fumée • 8 feuilles de laurier • 40 g de raisins secs • 4 cl de rhum vieux • 75 g de beurre • fleur de sel, poivre du moulin

Réalisation

Mettez les raisins secs dans un bol et arrosez-les de rhum. Laissez-les gonfler pendant 30 minutes. Égouttez les raisins en les pressant, et farcissez-en les cailles. Posez une feuille de laurier sur chaque caille et entourez chacune d'elle d'une tranche de poitrine fumée. Faites fondre le beurre dans une petite casserole, enlevez le dépôt blanc, puis badigeonnez les cailles de beurre au pinceau. Enfilez deux cailles par brochettes et faites-les cuire au barbecue pendant 30 minutes en les retournant régulièrement. Parsemez les cailles de fleur de sel et de poivre du moulin au moment de servir.

CHACHLICKS

4 pers. **Préparation : 10 min Marinade : 3 h Cuisson : 20 min**

• 800 g d'épaule d'agneau désossée • 4 cuil. à soupe de miel • 4 cuil. à soupe d'huile d'olive • 4 cuil. à soupe de vinaigre • 8 petits oignons • 4 branches de thym • 1 feuille de laurier • sel, poivre

Réalisation

Coupez l'épaule en cubes. Versez le miel dans une assiette creuse, roulez les cubes de viande dans le miel. Versez l'huile et le vinaigre dans une terrine, ajoutez le thym effeuillé, le laurier brisé, du sel et du poivre. Mettez les cubes de viande dans la marinade, retournez-les plusieurs fois pour qu'ils soient bien enrobés, recouvrez la terrine d'un film plastique et laissez en attente au frais pendant 3 heures. Égouttez la viande, répartissez les cubes d'agneau et les oignons sur quatre brochettes huilées et faites griller pendant environ 20 minutes.

COQUELETS AU CITRON

4 pers. **Préparation : 5 min Marinade : 30 min Cuisson : 30 min**

• 2 coquelets
Marinade • 2 citrons • 4 branches d'estragon • 2 cuil. à soupe d'huile d'olive • sel, poivre

Réalisation

Pressez les citrons, versez le jus dans une terrine, ajoutez l'huile, du sel et du poivre. Ciselez les feuilles d'estragon, mettez-les dans la terrine. Coupez les coquelets en deux dans le sens de la longueur et mettez-les dans la marinade. Retournez-les plusieurs fois pour qu'ils soient bien enrobés et laissez en attente pendant 30 minutes. Égouttez les coquelets, faites-les griller au barbecue pendant 30 minutes environ en les retournant régulièrement.

Notre conseil : servez ces coquelets avec un beurre d'estragon (recette page 138).

COQUELETS AUX HERBES EN PAPILLOTES

4 pers. **Préparation : 10 min Cuisson : 40 min**

• 2 coquelets • 1 cuil. à soupe de romarin • 1 cuil. à soupe de thym • 2 cuil. à soupe de moutarde • 1 citron • 50 g de beurre • sel, poivre

Réalisation

Coupez les coquelets en deux dans le sens de la longueur. Pressez le citron. Mélangez dans une terrine le jus de citron, le beurre, la moutarde, le thym, le romarin et un peu de sel et de poivre. Découpez quatre carrés de papier d'aluminium, déposez un demi-coquelet au centre, répartissez un peu de beurre aux herbes sur chacun et refermez hermétiquement les papillotes. Faites cuire pendant 40 minutes environ.

CÔTE DE BŒUF MARINÉE

4 pers. **Préparation : 10 min Marinade : 1 h Cuisson : 40 min**

• 1 côte de bœuf de 1 kg
Marinade • 25 cl de vin blanc sec • 6 cuil. à soupe d'huile d'olive • 1 oignon • 1 échalote • 1 gousse d'ail • 1 clou de girofle • 1 branche d'estragon • poivre

Réalisation

Pelez l'oignon, l'échalote, la gousse d'ail, hachez-les et mettez-les dans une terrine. Effeuillez la branche d'estragon, ciselez les feuilles au-dessus de la terrine. Ajoutez le clou de girofle, le vin blanc et l'huile, poivrez généreusement. Mélangez.
Enduisez la côte de bœuf de marinade en la retournant plusieurs fois et laissez-la mariner dans la terrine recouverte d'un film plastique pendant 1 heure. Égouttez-la et faites-la griller pendant 30 à 40 minutes selon l'épaisseur et le degré de cuisson désiré en la retournant régulièrement.

Notre conseil : accompagnez cette côte de bœuf de pommes de terre sautées, de tomates cuites, de haricots verts.

CÔTES DE PORC À LA SAUGE

4 pers. **Préparation : 5 min Cuisson : 15 min**

• 4 côtes de porc • 16 feuilles de sauge fraîche • 1 crépine de porc • sel, poivre

Réalisation

Salez et poivrez les côtes de porc sur les deux faces. Tapissez-les de feuilles de sauge. Étalez la crépine sur une planche coupez-la en quatre et enveloppez-en chaque côte. Faites cuire doucement au barbecue pendant environ 15 minutes en les retournant à mi-cuisson.

Notre conseil : accompagnez ce plat de tagliatelles fraîches.

ESCALOPES DE POULET FARCIES

4 pers. **Préparation : 15 min Cuisson : 15 min**

• 8 petites escalopes de poulet • 2 échalotes • 100 g de poitrine fumée • 1 œuf • 2 branches de persil • sel, poivre

Réalisation

Aplatissez chaque escalope de poulet. Épluchez les échalotes, effeuillez le persil. Hachez ensemble les échalotes, le persil et le lard. Ajoutez l'œuf entier, salez et poivrez. Mélangez et vérifiez l'assaisonnement. Partagez ce hachis en huit parties. Farcissez chaque escalope de poulet avec la préparation, maintenez la paupiette fermée avec de la ficelle ou des piques en bois. Faites griller pendant 15 minutes environ en retournant les paupiettes à mi-cuisson.

FILET MIGNON AU LAIT DE COCO

4 pers. **Préparation : 30 min Marinade : 1 h Cuisson : 20 min**

• 1 filet mignon de porc de 700 à 800 g
Marinade • 2 gousses d'ail • 2 citrons • 5 cl de rhum blanc • 6 cuil. à soupe d'huile d'olive • 10 cl de lait de coco • quelques gouttes de Tabasco • sel, poivre

Réalisation

Épluchez les gousses d'ail, écrasez-les au presse-ail au-dessus d'une terrine. Pressez les citrons, versez le jus dans la terrine. Ajoutez le lait de coco, le rhum, quelques gouttes de Tabasco et l'huile d'olive, ainsi qu'un peu de sel et de poivre.
Coupez le filet mignon en cubes. Mettez-les dans la marinade, retournez-les plusieurs fois pour bien les enrober, recouvrez la terrine d'un film plastique et laissez en attente pendant 1 heure.
Égouttez les cubes de porc et garnissez-en quatre brochettes huilées. Faites cuire les brochettes pendant 20 minutes en les retournant régulièrement et en les badigeonnant avec la marinade.

FILET MIGNON DE PORC AU SAFRAN

4 pers. **Préparation : 10 min Marinade : 2 h Cuisson : 40 min**

• 1 filet mignon de porc de 700 à 800 g
Marinade • 2 oignons • 1 orange non traitée • 1 dose de safran • 1 cuil. à café de coriandre en poudre • 2 cuil. à soupe d'huile d'olive • sel, poivre

Réalisation

Épluchez les oignons et émincez les. Prélevez le zeste de l'orange avec un couteau économe et râpez-le. Pressez le fruit. Versez dans une terrine le jus d'orange, le zeste, l'huile, les oignons, le safran et la coriandre, salez, poivrez et mélangez. Dégraissez le filet mignon et mettez-le dans la marinade, recouvrez la terrine d'un film plastique et laissez en attente pendant 2 heures. Égouttez la viande et faites-la cuire au barbecue pendant 30 à 40 minutes en la retournant souvent et en la badigeonnant de marinade.

FILET MIGNON DE PORC MARINÉ AUX ÉPICES

4 pers. **Préparation : 10 min Marinade : 2 h Cuisson : 40 min**

• 1 filet mignon de porc de 700 à 800 g
Marinade • 4 cuil. à soupe de ketchup • 2 cuil. à soupe de miel • 2 cuil. à soupe de Worcestershire sauce

Réalisation

Versez le miel dans une terrine, ajoutez la ketchup et la Worcestershire sauce, mélangez bien. Mettez le filet mignon dans la marinade, retournez-le plusieurs fois pour bien l'imprégner, couvrez la terrine d'un film alimentaire et laissez en attente pendant 2 heures. Égouttez la viande et faites-la griller pendant environ 40 minutes en la retournant souvent et en la badigeonnant de marinade.

GRILLADES DE BŒUF À L'HUILE AROMATISÉE

4 pers. **Préparation : 5 min Cuisson : 4 min**

• 2 entrecôtes ou 2 tranches de faux-filet assez épaisses • 1 bol d'huile aromatisée (recette page 147) • sel, poivre

Réalisation

Dégraissez la viande le plus possible. Badigeonnez-la au pinceau d'huile sur ses deux faces avant de la faire griller. Faites-la cuire 2 minutes, retournez-la, badigeonnez à nouveau d'huile et poursuivez la cuisson pendant 2 minutes sur l'autre face si vous aimez la viande saignante.

GRILLADES DE BŒUF MARINÉ AU PAPRIKA

4 pers. **Préparation : 5 min Marinade : 1 h Cuisson : 5 min**

• 4 steaks

Marinade • 25 cl de vin rouge • 3 gousses d'ail • 1 branche de thym • 2 cuil. à café de paprika • sel, poivre

Réalisation

Épluchez les gousses d'ail, écrasez-les au presse-ail au-dessus d'une terrine. Versez le vin, ajoutez le thym effeuillé et le paprika, salez, poivrez, mélangez bien.

Mettez les steaks dans la marinade, retournez-les plusieurs fois pour qu'ils soient bien imprégnés, recouvrez la terrine d'un film plastique et laissez en attente pendant 1 heure.

Égouttez les steaks et faites-les griller au barbecue pendant 3 à 5 minutes en les retournant à mi-cuisson. Servez immédiatement.

HAMBURGER BARBECUE

4 pers. **Préparation : 15 min Cuisson : 10 min**

• 600 g de bœuf haché • 1 œuf • 2 oignons • 2 tomates • 4 tranches de bacon • 4 pains ronds spéciaux pour hamburger • 4 fines tranches de cheddar • sel, poivre

Réalisation

Battez l'œuf en omelette dans un saladier, ajoutez le bœuf haché, du sel et du poivre. Mélangez et formez quatre steaks. Coupez les pains en deux et faites-les griller sur le barbecue. Maintenez-les au chaud. Épluchez et coupez les oignons en rondelles, détachez les anneaux. Coupez les tomates en tranches fines. Faites cuire les steaks hachés sur le barbecue 8 minutes en les retournant à mi-cuisson. Faites griller les tranches de bacon 2 minutes. Déposez sur chaque assiette une moitié de pain rond, un steak, une tranche de bacon, une tranche de cheddar, quelques rondelles d'oignon et des tranches de tomate. Recouvrez avec l'autre moitié de pain.

Notre conseil : proposez de la moutarde et de la sauce ketchup.

KEBAB D'AGNEAU

4 pers. **Préparation : 10 min Marinade : 4 h Cuisson : 10 min**

• 600 g d'agneau dans l'épaule ou le gigot **Marinade** • 1 citron non traité • 2 gousses d'ail • 2 yaourts nature • 1 piment vert • 1 oignon • 3 cuil. à soupe d'huile d'olive • sel, poivre

Réalisation

Prélevez le zeste du citron avec un couteau économe et râpez-le. Pressez le fruit. Versez le jus dans une terrine, ainsi que le zeste. Épluchez les gousses d'ail, écrasez-les au presse-ail au-dessus de la terrine. Pelez l'oignon, hachez-le finement, ajoutez-le. Ouvrez le piment, ôtez les graines et coupez-le en très petits morceaux et ajoutez-le, puis salez, poivrez et arrosez d'huile d'olive. Mélangez bien.

Découpez l'agneau en cubes, mettez-les dans la marinade, retournez-les plusieurs fois pour qu'ils soient bien imprégnés. Recouvrez la terrine d'un film plastique et laissez mariner 4 heures. Égouttez les cubes d'agneau, répartissez-les sur quatre brochettes huilées et faites-les griller pendant environ 10 minutes en les retournant régulièrement. Versez les yaourts dans la marinade, mélangez et servez en saucière en accompagnement.

LAPIN À LA MOUTARDE ET AU MIEL

4 pers. **Préparation : 10 min Marinade : 2 h Cuisson : 30 min**

• 4 cuisses de lapin **Marinade** • 4 cuil. à soupe de miel liquide • 4 cuil. à soupe de moutarde à l'ancienne • 4 cuil. à soupe d'huile • 4 branches de thym • sel, poivre

Réalisation

Mélangez dans une terrine le miel, la moutarde, l'huile, le thym effeuillé, un peu de sel et de poivre. Mettez les cuisses de poulet dans la marinade, retournez-les plusieurs fois pour qu'elles soient bien enrobées. Recouvrez la terrine d'un film plastique et laissez au frais 2 heures. Égouttez les cuisses de lapin et faites-les cuire au barbecue pendant environ 30 minutes en les retournant souvent et en les arrosant régulièrement de marinade.

Notre conseil : servez ce lapin avec des pâtes fraîches.

LAPIN AUX OLIVES

4 pers. **Préparation : 20 min Marinade : 2 h Cuisson : 30 min**

• 4 râbles de lapin • 150 g d'olives vertes dénoyautées
Marinade • 2 échalotes • 4 cuil. à soupe d'huile d'olive
• 4 branches de thym • sel, poivre

Réalisation

Épluchez les échalotes et hachez-les finement. Effeuillez le thym dans une assiette creuse, ajoutez l'huile d'olive, du sel, du poivre, les échalotes et mélangez bien.

Mettez les râbles de lapin dans cette marinade, retournez-les pour qu'ils soient bien enrobés et laissez au frais pendant 2 heures. Découpez quatre carrés de papier d'aluminium, déposez au centre de chacun un râble de lapin, versez 1 cuillerée de marinade et parsemez d'olives. Refermez hermétiquement les papillotes et faites cuire au barbecue pendant 25 à 30 minutes.

PAPILLOTES D'AGNEAU À LA MENTHE ET AU CUMIN

4 pers. **Préparation : 10 min Cuisson : 15 min**

• 4 tranches de gigot d'agneau • 2 oignons doux • 2 cuil. à café de cumin • 8 feuilles de menthe fraîche • 2 cuil. à café d'huile d'olive • sel, poivre

Réalisation

Dégraissez les tranches de gigot. Épluchez les oignons. Hachez grossièrement la viande avec les oignons et la menthe. Salez, poivrez, saupoudrez de cumin, arrosez d'un peu d'huile d'olive et mélangez bien. Découpez quatre carrés de papier d'aluminium ménager, répartissez le hachis et fermez hermétiquement les papillotes. Faites cuire doucement au barbecue pendant environ 15 minutes.

Notre conseil : accompagnez ce plat d'une salade de couscous ou de courgettes.

PAPILLOTES DE LAPIN À L'EXOTIQUE

4 pers. **Préparation : 15 min Cuisson : 30 min**

• 4 râbles de lapin désossés • 1 mangue • 2 cuil. à café de curry • 1 cuil. à café de gingembre • 1 gousse d'ail • 2 cuil. à soupe d'huile de noisette • 1 cuil. à soupe d'huile d'olive • sel, poivre

Réalisation

Pelez la mangue et coupez-la en dés. Épluchez la gousse d'ail. Ecrasez-la avec un presse-ail et mélangez-la avec l'huile de noisette, le curry, le gingembre, du sel et du poivre. Enduisez les râbles avec ce mélange. Découpez quatre carrés de papier d'aluminium, déposez au centre de chacun un râble et quelques dés de mangue. Arrosez d'un peu d'huile d'olive et refermez hermétiquement les papillotes. Faites cuire pendant 30 minutes environ au barbecue.

PAPILLOTES DE LAPIN AUX HERBES

4 pers. **Préparation : 10 min Cuisson : 30 min**

• 4 cuisses de lapin (ou 4 gros râbles) • 1 bouquet d'estragon • 1 bouquet de persil • 2 cuil. à soupe d'huile de noisette • sel, poivre

Réalisation

Hachez les herbes, mettez-les dans un bol, arrosez-les d'huile, salez, poivrez et mélangez bien. Découpez quatre carrés de papier d'aluminium, déposez au centre de chacun une découpe de lapin, répartissez les herbes et fermez hermétiquement les papillotes. Faites cuire au barbecue pendant environ 30 minutes.

PAPILLOTES DE PORC À L'AIL

4 pers. **Préparation : 10 min Cuisson : 25 min**

• 1 filet mignon de porc de 600 g • 4 gousses d'ail • 1 bouquet de persil • 4 cuil. à soupe d'huile d'olive • sel, poivre

Réalisation

Coupez le filet mignon en quatre parts égales. Épluchez les gousses d'ail et hachez-les avec le persil. Mettez le hachis dans un bol, salez, poivrez, arrosez d'huile d'olive et mélangez. Découpez quatre carrés de papier d'aluminium, déposez un morceau de porc sur chacun d'eux, répartissez le hachis d'ail et refermez hermétiquement les papillotes. Faites cuire pendant 20 à 25 minutes.

PAPILLOTES DE PORC AU CURRY

4 pers. **Préparation : 10 min Cuisson : 40 min**

• 1 filet mignon de porc de 600 g • 20 cl de crème • 2 cuil. à soupe de curry • 1 bouquet de ciboulette • sel, poivre

Réalisation

Coupez le filet mignon en quatre parties égales. Mélangez dans un bol la crème avec le curry, la ciboulette ciselée et un peu de sel et de poivre. Découpez quatre carrés de papier d'aluminium, déposez au centre de chacun un morceau de porc, arrosez de sauce au curry puis refermez hermétiquement les papillotes. Faites-les cuire au barbecue pendant environ 40 minutes.

Notre conseil : servez ces papillotes avec du riz sauvage.

PAPILLOTES DE POULET AUX ÉCHALOTES ET AUX TOMATES

4 pers. **Préparation : 15 min Cuisson : 35 min**

• 4 blancs de poulet • 4 tomates grappe • 4 échalotes • 1 cuil. à café d'herbes de Provence • 4 cuil. à soupe d'huile d'olive • sel, poivre

Réalisation

Pelez, épépinez les tomates et coupez-les en petits morceaux. Épluchez et émincez finement les échalotes. Versez 2 cuillerées à soupe d'huile d'olive dans une casserole, mettez les échalotes et faites-les revenir jusqu'à ce qu'elles soient transparentes. Ajoutez alors les morceaux de tomate et les herbes de Provence. Salez, poivrez et laissez confire pendant 15 minutes en mélangeant régulièrement. Découpez quatre rectangles de papier d'aluminium, déposez sur chacun un blanc de poulet, répartissez la fondue d'échalotes et de tomates, arrosez d'un peu d'huile d'olive et refermez hermétiquement les papillotes. Faites cuire pendant 20 minutes environ au barbecue.

POULET BOUCANÉ AUX TROIS VINAIGRES

4 pers. **Préparation : 30 min Marinade : 12 h Cuisson : 30 min**

• 8 découpes de poulet **Marinade** • 2 gros oignons • 4 gousses d'ail • 2 piments verts ou rouges • 2 cuil. à soupe d'herbes de Provence • 10 cl de vinaigre de framboise • 10 cl de vinaigre au citron • 10 cl de vinaigre de vin à l'échalote • sel

Réalisation

Épluchez les oignons et les gousses d'ail, coupez-les en rondelles et mettez-les dans une terrine. Lavez et épépinez les piments, coupez-les en rondelles et ajoutez-les. Arrosez avec les vinaigres, saupoudrez d'herbes de Provence, salez puis mélangez bien.

Placez les découpes de poulet dans cette marinade, retournez-les plusieurs fois pour qu'ils soient bien enrobés, couvrez la terrine et laissez en attente au frais pendant 12 heures. Égouttez les morceaux de poulet et faites-les griller au barbecue pendant 20 à 30 minutes selon la grosseur en les retournant plusieurs fois.

POULET MARINÉ AU GINGEMBRE

4 pers. **Préparation : 10 min Marinade : 6 h Cuisson : 30 min**

• 8 découpes de poulet
Marinade • 4 échalotes • 1 piment rouge • 1 oignon • 1 gousse d'ail • 4 cm de gingembre • 1 bouquet de persil • 3 cuil. à soupe de gros sel • 6 cuil. à soupe d'huile de tournesol

Réalisation

Épluchez les échalotes, l'oignon et l'ail. Pelez le gingembre. Effeuillez le persil. Épépinez le piment. Mixez tous ces ingrédients avec le gros sel pour obtenir une purée épaisse. Versez cette purée dans une terrine et diluez-la avec l'huile en mélangeant sans cesse.

Mettez les découpes de poulet dans la marinade, retournez-les pour bien les enrober, recouvrez la terrine d'un film alimentaire et laissez au frais pendant au moins 6 heures. Égouttez les morceaux de poulet et faites-les griller au barbecue environ 30 minutes en les retournant souvent en cours de cuisson et en les badigeonnant avec la marinade.

POULET TANDOORI

4 pers. **Préparation : 10 min Marinade : 8 h Cuisson : 40 min**

• 8 morceaux de poulet
Marinade • 1 yaourt nature • 3 gousses d'ail • 3 cm de gingembre frais • 2 cuil. à café de paprika • 1 cuil. à café de piment en poudre • 1/2 citron vert • sel, poivre

Réalisation
Pelez l'ail et le gingembre et hachez-les ensemble. Pressez le demi-ciron. Mélangez dans une terrine l'ail et le gingembre avec le jus de citron, le yaourt, le paprika et le piment. Salez, poivrez et mélangez bien. Mettez les morceaux de poulet dans cette marinade, retournez-les plusieurs fois pour qu'ils soient bien enrobés, recouvrez la terrine d'un film plastique et laissez en attente pendant 8 heures au frais. Égouttez les morceaux de poulet et faites-les griller au barbecue pendant 40 minutes en les retournant régulièrement et en les badigeonnant de marinade.

Notre conseil : servez ce poulet avec du riz basmati.

TRANCHES DE GIGOT MARINÉES

4 pers. **Préparation : Marinade : 30 min Cuisson : 10 min**

• 4 tranches de gigot
Marinade • 6 cuil. à soupe d'huile d'olive • 8 cl de vin blanc sec • 4 branches de thym • 2 feuilles de laurier • quelques graines de coriandre • 1 cuil. à café de gingembre en poudre • sel, poivre du moulin

Réalisation

Effeuillez le thym et brisez les feuilles de laurier dans une terrine. Ajoutez les graines de coriandre, le gingembre, du sel, du poivre, l'huile et le vin blanc. Mélangez bien.

Placez les tranches de gigot dans cette marinade. Recouvrez la terrine d'un film plastique, puis placez au frais pendant 30 minutes. Égouttez la viande et faites-la griller pendant 5 minutes sur chaque face.

Notre conseil : accompagnez de haricots blancs et verts panachés.

•

AUBERGINES GRILLÉES À L'AIL

4 pers. **Préparation : 10 min Marinade : 1 h Cuisson : 20 min**

• 3 aubergines
Marinade • 3 gousses d'ail • 6 cuil. à soupe d'huile d'olive
• 2 branches de romarin • sel, poivre

Réalisation

Épluchez les gousses d'ail et écrasez-les avec un presse-ail au-dessus d'une terrine. Ajoutez le romarin effeuillé, du sel, du poivre et enfin l'huile d'olive.

Lavez les aubergines et coupez-les en tranches transversalement. Mettez ces tranches dans l'huile parfumée et laissez en attente 1 heure. Égouttez les tranches d'aubergine et faites-les griller au barbecue pendant 15 à 20 minutes.

Notre conseil : servez ces aubergines avec de l'agneau grillé.

BROCHETTES DE POLENTA AU LARD

4 pers. **Préparation : 15 min Cuisson : 15 min**

- 250 g de polenta précuite • 12 tranches très fines de lard fumé
- 50 g de beurre • 2 cuil. à soupe d'origan • sel, poivre

Réalisation

Faites chauffer 10 cl d'eau avec un peu de sel et de poivre, puis versez la polenta en pluie. Remuez bien et faites cuire 5 minutes. Ajoutez le beurre et mélangez à nouveau. Étalez la polenta sur une plaque huilée sur 2 cm d'épaisseur et laissez-la refroidir. Découpez-la en cubes. Coupez les tranches de lard en deux ou trois de façon à pouvoir entourer chaque cube de polenta. Versez l'origan dans une assiette creuse, roulez chaque cube de polenta entouré de lard dedans, puis répartissez-les sur quatre brochettes huilées. Faites cuire au barbecue jusqu'à ce que le lard soit croustillant.

Notre conseil : servez ces brochettes en entrée ou en accompagnement d'une volaille.

COURGETTES AUX HERBES

4 pers. Préparation : 5 min Cuisson : 10 min

• 6 courgettes • 3 cuil. à soupe d'herbes de Provence • sel, poivre

Réalisation

Lavez et essuyez les courgettes. Coupez-les en tranches de 5 mm dans le sens de la longueur en gardant la peau, salez, poivrez et saupoudrez d'herbes de Provence. Faites griller au barbecue pendant environ 10 minutes en retournant les courgettes à mi-cuisson.

Notre conseil : proposez de la crème fraîche avec ces courgettes.

FENOUILS MARINÉS

4 pers. **Préparation : 10 min Marinade : 2 h Cuisson : 15 min**

• 2 beaux bulbes de fenouil
Marinade • 10 cl d'huile d'olive • 1 citron • 1 gousse d'ail • sel, poivre

Réalisation

Pressez le citron. Épluchez l'ail et écrasez-le au-dessus d'un saladier avec un presse-ail. Ajoutez l'huile et le jus de citron. Salez et poivrez.
Nettoyez les fenouils, faites-les blanchir 5 minutes à l'eau bouillante. Égouttez-les, coupez-les en tranches et mettez-les dans la marinade en mélangeant bien. Réservez au frais pendant 2 heures. Égouttez les fenouils et faites-les griller pendant 10 minutes environ en les retournant à mi-cuisson.

Notre conseil : servez ces fenouils avec de l'agneau grillé.

MAÏS SAUTÉ AUX POIVRONS

4 pers. **Préparation : 10 min Cuisson : 8 min**

• 500 g de grains de maïs • 1 poivron rouge • 1 poivron vert • 2 oignons • 4 cuil. à soupe d'huile d'olive • sel, poivre

Réalisation

Épluchez les oignons et émincez-les. Lavez les poivrons, épépinez-les et coupez-les en dés. Versez l'huile d'olive dans une cocotte, faites revenir les oignons et les poivrons pendant 5 minutes puis ajoutez le maïs. Salez et poivrez. Poursuivez la cuisson pendant 3 minutes.

PAPILLOTES DE POIVRONS AU ST MARCELLIN

4 pers. **Préparation : 5 min Cuisson : 30 min**

• 4 petits poivrons de la couleur de votre choix • 3 St Marcellin • 4 cuil. à soupe d'huile d'olive • sel, poivre du moulin

Réalisation

Lavez les poivrons, coupez-les en deux, ôtez-en les graines et les parties blanches. Coupez les St Marcellin en deux ou trois selon la taille des poivrons. Mettez les morceaux de fromage dans les poivrons, arrosez d'huile d'olive, salez peu et poivrez généreusement. Découpez huit carrés de papier d'aluminium, déposez au centre de chacun un demi-poivron farci et refermez hermétiquement les papillotes. Faites cuire au barbecue pendant environ 30 minutes.

PAPILLOTES DE TOMATE AU BASILIC

4 pers. **Préparation : 15 min Cuisson : 10 min**

• 4 grosses tomates • 100 g de mozzarella • 1/2 bouquet de basilic • 2 cuil. à soupe d'huile d'olive • 2 gousses d'ail • sel, poivre

Réalisation

Épluchez l'ail et écrasez-le au presse-ail. Effeuillez le basilic. Coupez les tomates et la mozzarella en tranches. Découpez quatre carrés de papier d'aluminium, déposez au centre de chacun quelques tranches de tomate et de mozzarella en intercalant avec de l'ail et du basilic. Arrosez d'huile d'olive, salez, poivrez, puis refermez hermétiquement les papillotes. Faites cuire pendant 10 minutes environ.

POMMES DE TERRE EN PAPILLOTES

4 pers. **Préparation : 10 min Cuisson : 45 min**

• 4 grosses pommes de terre • 2 gousses d'ail • 4 cuil. à soupe d'huile d'olive • 4 cuil. à soupe d'herbes de Provence • 20 g de beurre • sel, poivre

Réalisation

Lavez les pommes de terre, ne les épluchez pas. Frottez-les avec une gousse d'ail et enduisez-les d'huile. Découpez quatre carrés de papier d'aluminium, déposez au centre de chacun une pomme de terre et refermez hermétiquement. Laissez cuire sur le barbecue pendant 45 minutes. Ouvrez les pommes de terre en deux, salez, poivrez, mettez une noisette de beurre et parsemez d'herbes de Provence.

PURÉE DE TOMATE AUX ÉPICES

4 pers. **Préparation : 10 min Cuisson : 10 min**

• 8 tomates • 2 cuil. à café de graines de fenouil • 1 cuil. à café de cannelle en poudre • 5 clous de girofle • 1 piment oiseau • 2 cuil. à soupe d'huile d'olive • sel, poivre

Réalisation

Ébouillantez les tomates et pelez-les. Epépinez-les et concassez-les.

Versez l'huile dans une casserole, mettez les tomates, les épices, du sel, du poivre et faites confire à petit feu pendant 10 minutes. Passez au mixeur pour obtenir une sauce onctueuse.

Notre conseil : servez cette purée avec une grillade de volaille, de viande, de poisson.

RISOTTO AUX LÉGUMES

4 pers. **Préparation : 20 min Cuisson : 20 min**

• 300 g de riz • 1,5 litre de bouillon de volaille • 100 g de champignons • 2 tomates • 2 courgettes • 1 oignon • 100 g de beurre • 100 g de parmesan • 6 cuil. à soupe d'huile d'olive • 6 branches de persil plat • sel, poivre

Réalisation

Préparez les légumes : lavez, essuyez les champignons et émincez-les. Lavez les courgettes et coupez-les en petits dés. Pelez, épépinez les tomates et coupez la chair en dés. Pelez et hachez l'oignon. Versez 2 cuillerées à soupe d'huile d'olive dans une cocotte, versez-y les légumes et faites-les revenir pendant 10 minutes. Versez le reste d'huile dans une casserole, ajoutez le riz, mélangez bien ; dès que le riz devient transparent, versez une louche de bouillon, mélangez et dès que le bouillon est évaporé, renouvelez l'opération ; ajoutez les légumes et le bouillon louche après louche jusqu'à ce que le riz soit cuit. Incorporez le beurre en parcelles, mélangez, versez dans un plat de service et parsemez de feuilles de persil ciselées.

Accompagnez d'un bol de parmesan râpé.

Notre conseil : servez ce risotto avec les volailles et les viandes blanches grillées.

SALADE AUX HERBES

4 pers. **Préparation : 10 min**

• 4 grosses tomates • 4 oignons • 2 bouquets de persil • 2 bouquets de menthe • 2 citrons • 6 cuil. à soupe d'huile d'olive • sel, poivre

Réalisation

Pelez les tomates après les avoir ébouillantées, puis épépinez-les. Coupez la pulpe en petits dés. Épluchez et hachez grossièrement les oignons. Lavez la menthe et le persil, hachez-les. Mélangez dans un saladier les dés de tomate, les oignons et les herbes. Pressez les citrons, mélangez le jus avec l'huile d'olive, salez et poivrez. Versez cette sauce sur la salade au moment de servir.

Notre conseil : servez cette salade fraîche aussi bien avec les viandes qu'avec les poissons.

SALADE DE CAROTTES AU MIEL

4 pers. **Préparation : 10 min**

• 500 g de carottes • 2 cuil. à soupe de miel liquide • 4 cuil. à soupe de vinaigre • 3 cuil. à soupe de noix de cajou • sel, poivre

Réalisation

Pelez et râpez les carottes. Battez à la fourchette dans un saladier le vinaigre avec le miel et un peu de sel et de poivre. Ajoutez les carottes, mélangez bien et placez au frais pendant quelques instants. Parsemez de noix de cajou concassées au moment de servir.

Notre conseil : servez cette salade avec de l'agneau ou du poulet.

SALADE DE CONCOMBRE AUX OIGNONS ET À LA CORIANDRE

4 pers. **Préparation : 10 min Réfrigération : 1 h**

• 2 concombres • 4 petits oignons blancs • 1 yaourt nature • 1 bouquet de coriandre • sel, poivre

Réalisation

Lavez les concombres sans les éplucher et émincez-les très finement. Épluchez les oignons et hachez-les. Mettez oignon et concombre dans un saladier, ajoutez le yaourt, salez, poivrez généreusement et mélangez bien. Placez au réfrigérateur pendant 1 heure au moins et parsemez de coriandre ciselée au moment de servir.

Notre conseil : proposez cette salade avec de l'agneau ou du poulet.

SALADE DE COURGETTES

4 pers. **Préparation : 5 min Cuisson : 5 min**

• 4 courgettes • 4 cuil. à soupe d'huile d'olive • 1 cuil. à soupe de vinaigre balsamique • sel, poivre

Réalisation

Lavez les courgettes, coupez-les en très fines rondelles avec une mandoline. Faites cuire ces rondelles à la vapeur pendant 5 minutes. Égouttez-les et laissez-les refroidir dans un saladier.
Mélangez à la fourchette le vinaigre balsamique avec un peu de sel et de poivre, puis versez l'huile. Arrosez les courgettes de sauce. Servez frais.

SALADE DE COUSCOUS

4 pers. **Préparation : 15 min**

• 150 g de semoule moyenne • 1 petite boîte de pois chiche • 2 cuil. à soupe de raisins secs • 1 bouquet de menthe • 3 citrons • 6 cuil. à soupe d'huile d'olive • sel, poivre

Réalisation

Faites bouillir 25 cl d'eau avec 1 cuillerée à café de sel. Versez la semoule dans un saladier, arrosez-la d'eau et laissez gonfler pendant 10 minutes, en remuant avec une fourchette. Laissez refroidir. Faites tremper les raisins dans un bol d'eau chaude. Pressez les citrons. Mélangez le jus dans un bol avec l'huile, du sel et du poivre et versez la semoule froide. Mélangez bien. Rincez et égouttez les pois chiches, égouttez les raisins secs, ajoutez-les à la semoule. Mélangez à nouveau. Ciselez finement les feuilles de menthe, parsemez-en la salade au moment de servir.

Notre conseil : servez cette salade avec de l'agneau grillé.

SALADE DE ROQUETTE AU CHÈVRE

4 pers. **Préparation : 10 min**

• 400 g de roquette • 2 crottins de chèvre • 4 cuil. à soupe d'huile d'olive • 1 cuil. à soupe de vinaigre de vin • sel, poivre du moulin

Réalisation

Rincez et essorez la roquette, mettez-la dans un saladier. Détaillez les crottins en dés, disposez-les sur la salade. Battez à la fourchette dans un bol le vinaigre avec l'huile, du sel et du poivre. Versez sur la salade au moment de servir.

TOMATES À LA BOURGUIGNONNE

4 pers. **Préparation : 40 min Cuisson : 15 min**

• 8 tomates • 2 échalotes • 1 gousse d'ail • 4 branches de persil • 4 cuil. à soupe d'huile d'olive • 50 g de beurre • sel, poivre

Réalisation

Lavez, essuyez les tomates et coupez-les horizontalement en deux. Epépinez-les. Épluchez l'ail et les échalotes, hachez-les finement avec le persil effeuillé. Mélangez le beurre avec ce hachis, salez, poivrez. Arrosez les tomates d'huile et faites-les cuire pendant 15 minutes au barbecue en les retournant avec précaution. Mettez-les sur un plat et déposez sur chacune une noisette de beurre parfumé.

•

ABRICOTS À LA CANNELLE

4 pers. **Préparation : 10 min Cuisson : 10 min**

• 16 abricots mûrs • 4 cuil. à soupe de sucre • 1 cuil. à café de cannelle • 25 g de beurre

Réalisation

Dénoyautez les abricots, mettez-les dans un saladier et saupoudrez-les de sucre et de cannelle. Mélangez. Découpez quatre carrés de papier d'aluminium. Répartissez les abricots sur chaque carré, parsemez de petits morceaux de beurre puis refermez hermétiquement. Faites cuire 10 minutes environ. Servez immédiatement.

Notre conseil : accompagnez ce dessert de fromage blanc.

ABRICOTS AU MIEL, AU ROMARIN ET AUX AMANDES

4 pers. Préparation : 10 min Cuisson : 10 min

• 8 à 12 abricots • 4 cuil. à soupe de poudre d'amandes • 3 cuil. à soupe de miel liquide • 2 branches de romarin

Réalisation

Ouvrez les abricots en deux, ôtez les noyaux, coupez chaque oreillon en deux s'ils sont gros. Mélangez dans une assiette creuse le miel avec la poudre d'amandes et le romarin effeuillé. Trempez les morceaux d'abricot dans ce mélange, répartissez-les sur quatre brochettes et faites griller pendant 8 à 10 minutes. Servez tiède.

BANANES AU CHOCOLAT

4 pers. **Préparation : 10 min Cuisson : 5 min**

• 4 bananes • 100 g de chocolat noir

Réalisation

Pelez les bananes, ouvrez-les en deux dans le sens de la longueur sans les couper complètement. Insérez quelques carrés de chocolat dans cette fente. Découpez quatre rectangles de papier d'aluminium. Enveloppez les bananes fourrées et fermez hermétiquement. Posez sur le barbecue, laissez fondre le chocolat et confire les bananes pendant environ 5 minutes. Servez chaud ou tiède.

BROCHETTES D'ANANAS AU SÉSAME

4 pers. **Préparation : 10 min Cuisson : 5 min**

• 1 ananas • 3 cuil. à soupe de graines de sésame • 30 g de beurre
• 60 g de sucre en poudre

Réalisation

Coupez le plumet et la base de l'ananas, épluchez-le et détaillez la chair en cubes. Répartissez les cubes d'ananas sur quatre brochettes. Faites fondre le beurre avec le sucre dans une casserole. Badigeonnez-en généreusement les cubes d'ananas au pinceau. Faites griller les brochettes sur le barbecue jusqu'à ce qu'elles soient bien caramélisées. Faites dorer les graines de sésame à sec dans une poêle à revêtement antiadhésif, parsemez-les sur les brochettes au moment de servir.

BROCHETTES DE FRUITS À LA CANNELLE

4 pers. **Préparation : 15 min Marinade : 30 min Cuisson : 5 min**

• 1 ananas Victoria • 1 pomme • 1 orange
Marinade • 1 citron • 1 cuil. à café de cannelle • 1 cuil. à soupe de cassonade • 1 sachet de sucre vanillé

Réalisation

Coupez le plumet et la base de l'ananas, épluchez-le, ôtez les parties fibreuses et coupez-le en tranches. Détaillez chaque tranche en morceaux. Pelez la pomme, coupez la chair en cubes, citronnez-les pour qu'ils ne noircissent pas. Épluchez l'orange et séparez les quartiers.
Pressez le citron. Versez le reste de jus de citron dans un saladier, ajoutez la cassonade, le sucre vanillé, la cannelle et mélangez. Mettez les fruits dans cette marinade et laissez en attente pendant 30 minutes. Égouttez les fruits et répartissez-les sur quatre brochettes. Faites dorer 5 minutes au barbecue. Servez tiède.

Notre conseil : accompagnez ces brochettes de fruits de glace à la vanille.

BROCHETTES POMME-BANANE AU COCO

4 pers. **Préparation : 10 min Cuisson :10 min**

• 4 bananes • 4 pommes • 4 cuil. à soupe de marmelade d'oranges • 4 cuil. à café de rhum • 4 cuil. à soupe de jus d'ananas • 4 cuil. à soupe de noix de coco râpée • 1/2 citron

Réalisation

Pelez les bananes et coupez-les en rondelles. Épluchez les pommes et coupez-les en morceaux. Citronnez ces fruits et garnissez-en quatre brochettes en intercalant les pommes et les bananes. Faites griller au barbecue pendant 5 minutes de chaque côté. Versez le jus d'ananas et le rhum dans une casserole, faites chauffer puis ajoutez la marmelade d'oranges. Mélangez doucement jusqu'à ce qu'elle soit fondue. Disposez les brochettes sur les assiettes, arrosez-les de coulis et saupoudrez de noix de coco. Servez sans attendre.

PAPILLOTES DE BANANES À L'ANTILLAISE

4 pers. **Préparation : 10 min Cuisson : 10 min**

• 4 bananes • 1 citron vert non traité • 2 cuil. à soupe de raisins secs • 2 cuil. à soupe de rhum • 2 cuil. à soupe de cassonade

Réalisation

Découpez quatre rectangles dans du papier d'aluminium. Faites tremper les raisins dans le rhum. Prélevez le zeste du citron vert avec un couteau économe et râpez-le. Pelez les bananes et coupez-les en deux dans le sens de la longueur. Disposez deux demi bananes sur chaque carré de papier, saupoudrez de cassonade et de zeste de citron râpé, puis ajoutez les raisins et le rhum. Fermez hermétiquement les papillotes et faites cuire pendant 10 minutes. Servez tiède.

PAPILLOTES DE POIRES AU CHOCOLAT

4 pers. **Préparation : 10 min Cuisson : 10 min**

• 4 poires • 100 g de chocolat noir • 2 cuil. à soupe de noisettes concassées

Réalisation

Découpez quatre carrés dans du papier d'aluminium. Épluchez les poires, coupez-les en lamelles et répartissez-les au centre des carrés de papier. Saupoudrez de noisettes concassées. Taillez des copeaux dans le chocolat avec un couteau économe, déposez-les sur les poires. Fermez hermétiquement les papillotes et faites cuire pendant 10 minutes. Servez tiède.

PAPILLOTES DE POMMES AU PAIN D'ÉPICES

4 pers. **Préparation : 10 min Cuisson : 20 min**

• 4 pommes • 4 tranches de pain d'épices • 2 cuil. à soupe de miel

Réalisation

Découpez quatre carrés dans du papier d'aluminium. Épluchez les pommes, coupez-les en lamelles et répartissez-les au centre des carrés de papier. Découpez les tranches de pain d'épices en dés, parsemez-les sur les pommes et arrosez d'un peu de miel. Fermez hermétiquement les papillotes et faites cuire pendant 20 minutes. Servez tiède.

PAPILLOTES DE POMMES CONFITES

4 pers. **Préparation : 10 min Cuisson : 20 min**

• 4 pommes • 40 g de beurre demi-sel • 2 cuil. à soupe de miel • 2 cuil. à soupe de cannelle

Réalisation

Découpez quatre carrés dans du papier d'aluminium. Épluchez les pommes, coupez-les en lamelles et répartissez-les au centre des carrés de papier. Saupoudrez de cannelle, arrosez de miel et disposez dessus une noisette de beurre. Fermez hermétiquement les papillotes et faites cuire pendant 20 minutes. Servez tiède.

•

BEURRE AU CITRON

4 pers. **Préparation : 5 min**

• 80 g de beurre • 1 citron • sel, poivre

Réalisation

Sortez le beurre du réfrigérateur plusieurs heures à l'avance. Lorsqu'il est souple, travaillez-le en pommade avec le jus du citron, et un peu de sel et de poivre.

Notre conseil : servez ce beurre avec des langoustines, des crevettes, ou du poisson grillé ou poché.

BEURRE D'AIL

4 pers. **Préparation : 10 min**

• 200 g de beurre • 6 gousses d'ail • 1/2 citron • sel, poivre

Réalisation

Sortez le beurre du réfrigérateur à l'avance. Épluchez les gousses d'ail, écrasez-les au presse-ail au-dessus d'une petite jatte. Pressez le demi-citron, versez le jus dans la jatte, ajoutez du sel et du poivre. Incorporez le beurre en travaillant à la fourchette. Mettez au frais en attendant de servir.

Notre conseil : ce beurre convient parfaitement aux grillades d'agneau.

BEURRE D'ANCHOIS

4 pers. **Préparation : 10 min**

• 200 g de beurre • 100 g d'anchois dessalés • 1/2 citron • poivre

Réalisation

Sortez le beurre à l'avance du réfrigérateur. Ôtez le maximum d'arêtes aux anchois puis pilez-les. Pressez le demi-citron. Malaxez le beurre avec les anchois pilés, un peu de poivre et le jus de citron. Mettez dans un beurrier et placez au frais en attendant de servir.

Notre conseil : proposez ce beurre avec des poissons grillés.

BEURRE D'ESTRAGON

4 pers. **Préparation : 10 min**

• 200 g de beurre • 1 bouquet d'estragon • 1/2 citron • sel, poivre

Réalisation

Sortez le beurre du réfrigérateur à l'avance. Pressez le demi-citron, versez le jus dans une jatte, ajoutez du sel et du poivre. Incorporez le beurre en travaillant à la fourchette. Ciselez très finement les feuilles d'estragon, ajoutez-les au beurre citronné en mélangeant bien. Mettez au frais en attendant de servir.

Notre conseil : ce beurre convient parfaitement aux volailles et au lapin.

BEURRE DE MOUTARDE

4 pers. **Préparation : 10 min**

• 200 g de beurre • 2 cuil. à soupe de moutarde forte • 1/2 citron
• sel, poivre

Réalisation

Sortez le beurre du réfrigérateur à l'avance. Malaxez le beurre avec la moutarde, un peu de sel et de poivre. Pressez le demi-citron, incorporez le jus au beurre. Mettez dans un beurrier et placez au frais en attendant de servir.

Notre conseil : servez ce beurre avec les grillades de bœuf ou de porc.

BEURRE DE RAIFORT

4 pers. **Préparation : 10 min**

• 200 g de beurre • 40 g de raifort râpé • 1/2 citron • sel, poivre

Réalisation

Sortez le beurre du réfrigérateur à l'avance. Pressez le demi citron. Incorporez le raifort et le jus de citron au beurre, puis salez et poivrez. Placez dans un beurrier et conservez au réfrigérateur en attendant de servir.

Notre conseil : servez ce beurre avec des grillades de porc.

BEURRE DE ROQUEFORT

4 pers. **Préparation : 10 min**

• 200 g de beurre • 100 g de roquefort • 24 cerneaux de noix
• 4 branches de persil plat • poivre du moulin

Réalisation

Sortez le beurre un peu à l'avance du réfrigérateur pour qu'il soit facile à travailler. Effeuillez et hachez le persil. Concassez les noix. Ecrasez le roquefort à la fourchette avec le beurre, incorporez noix et persil et enfin un peu de poivre du moulin. Disposez dans un petit beurrier et placez au frais en attendant de servir.

Notre conseil : vous pouvez ajouter quelques gouttes de cognac pour relever ce beurre qui se marie parfaitement aux grillades de bœuf.

BEURRE DE VANILLE

4 pers. **Préparation : 5 min**

• 200 g de beurre fin • 4 gousses de vanille • sel, poivre

Réalisation

Sortez le beurre à l'avance du réfrigérateur. Lorsqu'il est souple, prélevez les graines des deux gousses de vanille, mélangez-les avec le beurre, salez et poivrez. Placez ce beurre dans des petits beurriers.

Notre conseil : servez ce beurre avec des blancs de poulet ou des filets de sole.

BEURRE MAÎTRE D'HÔTEL

4 pers. **Préparation : 10 min**

• 200 g de beurre • 1 bouquet de persil • 1/2 citron • sel, poivre

Réalisation

Sortez le beurre à l'avance du réfrigérateur. Pressez le citron. Effeuillez le persil et hachez-le finement. Incorporez le jus de citron et le persil haché au beurre, salez et poivrez. Placez dans un beurrier et conservez au réfrigérateur en attendant de servir.

Notre conseil : servez ce beurre avec des grillades de bœuf dont il est le compagnon traditionnel.

BEURRE RAVIGOTE

4 pers. **Préparation : 10 min**

• 200 g de beurre • 3 gousses d'ail • 1/2 bouquet de ciboulette • 1/2 bouquet d'estragon • 1/2 bouquet de cerfeuil • sel, poivre

Réalisation

Sortez le beurre du réfrigérateur à l'avance. Épluchez les gousses d'ail, écrasez-les au presse-ail. Effeuillez l'estragon et le cerfeuil, hachez-les avec la ciboulette. Incorporez les herbes et l'ail écrasé au beurre, salez et poivrez. Placez dans un beurrier et conservez au réfrigérateur en attendant de servir.

Notre conseil : ce beurre convient bien au bœuf, à l'agneau, au porc, à la lotte, aux crevettes.

CHUTNEY À L'ANANAS

4 pers. Préparation : 10 min Cuisson : 1 h

• 600 g de tomates • 2 oignons • 1 boîte d'ananas au sirop
• 2 cuil. à soupe de vinaigre de vin • 4 cuil. à soupe d'huile d'olive
• sel, poivre

Réalisation

Ébouillantez les tomates, puis pelez-les et épépinez-les. Concassez-les grossièrement. Épluchez et hachez les oignons. Versez l'huile d'olive dans une casserole, faites fondre les tomates et les oignons à feu doux pendant 30 minutes environ. Égouttez les tranches d'ananas en conservant le sirop. Coupez les tranches en petits morceaux, ajoutez-les à la concassée de tomates ainsi que le jus et le vinaigre. Salez, poivrez et poursuivez la cuisson 30 minutes. Laissez refroidir.

Notre conseil : servez ce chutney avec des brochettes de lotte ou de poulet.

COULIS DE POMME À LA VANILLE

4 pers. **Préparation : 10 min Cuisson : 10 min**

• 75 cl de jus de pomme • 4 cuil. à soupe de miel liquide • 4 grains de poivre • 1/2 orange non traitée • 2 gousses de vanille

Réalisation

Versez dans une casserole le jus de pomme, le miel et les grains de poivre. Ouvrez les gousses de vanille, prélevez les graines avec la pointe d'un couteau et ajoutez-les. Prélevez le zeste de la demi-orange avec un couteau économe, râpez-le au-dessus de la casserole. Mélangez bien et faites cuire à feu très doux pendant 10 minutes. Laissez refroidir.

Notre conseil : servez ce coulis avec des pommes en papillotes (recette page 134).

HUILE AROMATISÉE

Pour 1 litre **Préparation : 10 min Macération : 1 mois**

• 1 litre d'huile d'olive • 3 gousses d'ail • 2 échalotes • 6 branches de thym • 1 branche de romarin • 2 branches de sarriette • 6 feuilles de laurier • 1 cuil. à café de poivre gris en grains • 1 cuil. à café de sauge séchée • 4 cm de gingembre frais

Réalisation

Mettez les gousses d'ail et les échalotes non pelées dans un bocal, ajoutez les aromates et l'huile. Fermez hermétiquement et laissez macérer à l'abri de la lumière et de la chaleur pendant 1 mois au minimum.

Notre conseil : utilisez cette huile pour badigeonner les viandes et les poissons destinés à être grillés au barbecue.

SAUCE ANCHOIS ET BASILIC

4 pers. **Préparation : 10 min**

• 1 bouquet de basilic • 6 filets d'anchois à l'huile • 6 cuil. à soupe d'huile d'olive • poivre du moulin

Réalisation

Mixez les feuilles de basilic avec les filets d'anchois. Versez dans une saucière, ajoutez l'huile en filet en battant, puis poivrez.

Notre conseil : servez cette sauce avec du poisson grillé, mais aussi avec des crudités, de la mozzarella, de la feta…

SAUCE AUX FINES HERBES

4 pers. **Préparation : 10 min**

• 10 cuil. à soupe d'huile d'olive • 1 bouquet de ciboulette • 1 bouquet d'estragon • 1 bouquet de persil plat • 1 gousse d'ail • 1 citron • sel, poivre

Réalisation

Lavez, séchez les herbes et hachez-les. Pressez le citron. Épluchez la gousse d'ail, écrasez-la dans un mortier, ajoutez l'huile, le jus de citron ainsi que les herbes, mélangez bien. Salez et poivrez légèrement.

Notre conseil : servez avec des crevettes, des langoustines, du poisson grillé ou poché.

SAUCE BARBECUE MAISON

4 pers. **Préparation : 10 min**

• 6 cuil. à soupe de ketchup • 4 cuil. à soupe de miel • 4 cuil. à soupe de Worcestershire sauce • 2 gousses d'ail • 1 oignon • sel, poivre

Réalisation

Épluchez l'ail et l'oignon, hachez-les finement et mettez-les dans une terrine. Ajoutez le ketchup, le miel et la Worcestershire sauce, salez légèrement, poivrez. Mélangez.

Notre conseil : faites mariner des travers de porc dans cette sauce pendant 1 à 2 heures avant de les faire griller au barbecue. Vous pouvez aussi la servir en saucière avec des grillades de porc ou de poulet.

SAUCE SALSA

4 pers. **Préparation : 10 min Cuisson : 30 min**

• 1 kg de tomates bien mûres • 1 gros oignon • 2 gousses d'ail • 1 cuil. à café de concentré de tomate • 1 cuil. à soupe d'huile d'olive • 4 pincées de piment de Cayenne • sel, poivre

Réalisation

Pelez les tomates après les avoir ébouillantées. Épépinez-les.
Épluchez l'oignon et l'ail. Hachez tomates, ail et oignon ensemble.
Faites chauffer l'huile dans une cocotte et faites revenir l'oignon, l'ail et les tomates. Ajoutez le concentré de tomates, le piment, du sel et du poivre. Faites confire à feu très doux pendant 30 minutes. Vérifiez l'assaisonnement, la sauce doit être relevée. Ajoutez un peu de piment si nécessaire. Laissez refroidir et mixez.

Notre conseil : servez cette sauce avec des grillades de bœuf.

INDEX DES RECETTES

•

À L'APÉRITIF

POISSONS ET CRUSTACÉS

VIANDES ET VOLAILLES

LÉGUMES

DESSERTS

SAUCES